METİN HARA
& insanagüven

İyiliğin Hareket Hali

DESTEK
yayınları

DESTEK MEDYA GRUBU

DESTEK YAYINLARI: 917
GÜNCEL: 73

METİN HARA / İYİLİĞİN HAREKET HALİ

İmtiyaz Sahibi: Yelda Cumalıoğlu
Genel Yayın Yönetmeni: Ertürk Akşun
Yayın Koordinatörü: Özlem Esmergül
Editör: Özlem Esmergül - Melissa Değer
Son Okuma: Devrim Yalkut
Kapak Tasarım: İlknur Muştu
İllüstrasyonlar: Şebnem Kurtul - Melek Önal
Sayfa Düzeni: Cansu Poroy
Sosyal Medya-Grafik: Tuğçe Budak - Mesud Topal

Destek Yayınları:
2.Baskı: Mart 2018
3.Baskı: Mayıs 2018
Yayıncı Sertifika No. 13226

ISBN 978-605-311-389-8

Abdi İpekçi Caddesi No. 31/5 Nişantaşı/İstanbul
Tel. (0) 212 252 22 42 – Faks: (0) 212 252 22 43
www.destekdukkan.com – info@destekyayinlari.com
facebook.com/DestekYayinevi
twitter.com/destekyayinlari
instagram.com/destekyayinlari
www.destekmedyagrubu.com

Gezegen Basım San. ve Tic. Ltd. Şti.
Matbaa Sertifika No. 12002
100. Yıl Mah. Matbaacılar Sit.
2. Cad. No. 202/A Bağcılar/İstanbul
Tel.: (0) 212 325 71 25

DESTEK yayınları KARAKARGA BEYAZ BAYKUŞ genç DESTEK

METİN HARA
& insanagüven

İyiliğin Hareket Hali

#iyilikkazanacak

DESTEK yayınları

Katkıda Bulunanlar

Asiye Aydoğdu
Aysu Karayazgan
Burcu Yavuz
Ceren Çerezci
Dilara Duman
Ela Adan
Engin Alan
Erkan Erkaya
Ersin Ozan Sert
Eser Mitrani
Gülce Tartal
Gülşah Ekşi
Gül Rosie Dalva
İpek Elif Onaran
Melda Kamhi Kosif
Nebahat Çukurova
Oya Çetin Oruçoğlu
Ömür Çarıkçı
Serra Keçeli
Sinem Güzelkokar
Yelda Özkurt
Yonca Coşkun
Zümrüt Arpaz Başer

TOPLUM
GÖNÜLLÜLERİ

"Her yıl ülkenin 81 ilinde 133 gençlik topluluğu şeklinde bir araya gelen Toplum Gönüllüsü gençler temaları hayvanlardan insan haklarına; ekolojiden toplumsal cinsiyet eşitliğine; çocuklardan eğitime, gençlik haklarına dek birçok farklı toplumsal ihtiyaca dokunan 1.800'ü aşkın sosyal sorumluluk projesi hayata geçiriyor. *İyiliğin Hareket Hali* ve *İyiliğin Bilim Hali* kitaplarından elde edilecek gelirin bir kısmı gençlerin sosyal sorumluluk projelerine aktarılmak üzere Toplum Gönüllüleri Vakfı'na bağışlanacaktır."

www.tog.org.tr

Önsöz

"İyilik" aslında her çocukla birlikte doğar dünyaya... O sadece iyidir. Hem de en hakiki, en saf haliyle...

Biliyorum.

"Ama kötü çocuklar da var" diyorsun içinden.

Oysa çocukların kalbi kötü değildir. Sadece kötü davranmayı öğrenmişlerdir o kadar.

"İyilik" çocuğun doğasıdır. Yapıtaşıdır. Değiştirilemez, yok edilemez. Çocuk da yetişkinin doğasıdır.

Etrafına bir bak...

Sevdiğin, tanıdığın herkesin yaraları var... İnsanlar mutsuz... Neyin daha önemli olduğunu unutmuşuz sanki. Para kazanmak için mutluluk ve zaman veren yetişkinler belki de en büyük bedeli doğalarına ihanet ederek ödüyorlar.

Aslında bu bir kısırdöngü... Çünkü yaralanan insanlar başkalarını yaralarlar. İnsanlık tarihine baktığında da dünyaya en büyük vahşeti saçmış olanlarla, dünyaya en büyük yardımı yapmış olanların, benzer bir geçmişten geldiğini görürsün.

Her yaralandığımızda başkasını yaralarsak, sence nasıl bir dünya inşa etmiş oluruz?

İstersen bir kez daha düşün. Hatta hisset...

Peki ya sen şimdi bu kısırdöngüye meydan okusaydın ne olurdu? Ya arkadaşların da aynı şeyi yapsalardı? Hatta başkaları da...

O zaman ne olurdu?

"İyiliğin hareket hali" 7 ana alanda yapabileceğin mikro-eylemlerden oluşuyor.

1. Bedensel sağlık
2. Zihinsel denge
3. İlişkiler
4. Ekoloji
5. Verimlilik
6. İçsel yolculuk
7. İyilik hareketi

Bu alanlarda atacağın küçük adımlar, yaşamında büyük sonuçlar ortaya çıkaracak.

Mikro-eylemlerin çoğunun basitliği seni aldatmasın. Bu eylemlerin belirli araştırmalara dayandığını söyleyebilirim. İlgilenenlerin *İyiliğin Bilim Hali* adlı ikinci kitabı da okumalarını tavsiye ederim.

Bazı değerli dostların seni "hayalperest" bile bulabilirler. Onlar kendilerinin gerçekçi oldukları yanılsaması içerisinde seni eleştirebilirler de. Asla onlarla tartışma, onlara sırtını dönme. Onlar aslında sana saldırarak yardım çağrısında bulunuyorlardır. Onlara daha da iyi davran. Ta ki doğalarını hatırlayana kadar...

Bu kitabı okurken "iyiliğin her hali" adlı iyilik hareketinin seninle başlayacağını hissedeceksin... Şimdi doğanı haykırma zamanı...

Sana şimdiye kadar "Başkalarına yardım et, bu onlara iyi gelir" dediler. Peki ya ben sana, başkalarına yardım ederken aslında kendine yardım ettiğini söylersem? İyiliğin bir seçim, hobi ve jest olmadığını, aslında bir ihtiyaç olduğunu hatırlatırsam? Sadece iyilik görenlerin değil, iyiliği yapanın da ihtiyacı...

Başkasının yaşamına dokunduğunda, çok insanın yaşamına dokunuyorsun...

İşte bu kadar basit...

"İyiliğin her hali" adım adım hayatın her alanına dokunan farklı bir seri olacak... Sonrasında büyük bir iyilik hareketi başlayacak... Bu iki kitabı yazarak biz üzerimize düşen ilk adımı atmış olduk. Dünyayı değiştirmek için sen de bir adım at...

"İyiliğin her hali" sıfatlara kör, lidersiz bir iyilik hareketi... Bu hareketin içerisinde, fark gözetmeksizin her insan, birçok eğitim kurumu, değerli STK'lar, farklı kurumsal yapılar birleşmelidir. Her konuda fikir ayrılığımız olabilir... Ama iyilik konusunda değil.

İyilik adına atılan hiçbir adımı küçümsemeden, yargılamadan iyiliğe izin vermeliyiz... Çünkü inanıyoruz ki:

"Herkese iyilik yapma şansı tanınmalı..."

Dünyayı değiştirmek mi istiyorsun?
Önce kendinden başla.
İyiliği uzakta arama.
Küçük de olsa bir adım at.

#iyilikkazanacak
www.iyiliginherhali.com

1. Dokunuşun Gücü

Profesyonel bir masaj uzmanından masaj randevusu al.

Masajın tarihi neredeyse insanlık tarihi kadar eskidir, eski çağlardan günümüze masaj her zaman tedavi amaçlı uygulamalar arasında yerini almıştır. Eski zamanlardan bu yana pek çok medeniyette masajın hastalıkları iyileştirmede kullanıldığı bilinmektedir.

Profesyonel masaj, kas yorgunluğunu azaltır, lenfatik ve dolaşım sistemlerinin fonksiyonlarına destek olur, günlük yaşamda uzun süreli yanlış kullanımın verdiği kas problemlerini azaltmaya yardım eder.

Masaj, sindirim ve boşaltım sistemlerinin daha iyi fonksiyon görmesini sağlar, bağışıklık sistemini güçlendirir. Aynı zamanda zihni de sakinleştirir, bedensel ve zihinsel rahatlamayı beraberinde getirir.

Tedavi edici masaj uygulamalarının depresyon, anksiyete, kronik yorgunluk, kas ve eklem ağrıları, uykusuzluk gibi problemlerde oldukça başarılı sonuçlar sağladığı bilinmekte, masajın tıbbi uygulamalar içerisindeki yeri ve önemi de gün geçtikçe derinleşmektedir. Günümüzde giderek yaygınlaşan hareketsiz yaşam tarzının güçsüzleştirdiği ve sağlıksızlaştırdığı kaslara masajla hak ettiği ilgi sağlanabilir, beden rahatlatılabilir.

İyiliğin Bilim Hali 108. madde

Nasıl hissettin? **Yaptım!**

2. Yaşam Sokakta!

Bugün spor ayakkabılarını giy ve
kendi mahallende bir turist gibi dolaş.

Defalarca önünden geçtiğin halde fark edemediğin yerleri fark et, yeni yerleri keşfet!

Daha önce gitmediğin yeni yerlere gitmek, yeni şeyler keşfetmek motivasyonu ve canlılığı artırdığı gibi, görsel hafızaya yeni eklenen veriler, zihnin eski raflarında duran anıları da düzenler. Saklamak istediklerini sana hatırlatarak hafızanı tazelemeni sağlar. Ayrıca yeni insanlarla tanışıp, farklı deneyimler edinmek de işin güzel tarafı...

Alışılmışın dışına çıkmak ufkunu açar, zihnini çalıştırır, iyilik hissi veren hormonlarını aktive eder.

Evinin, işyerinin ya da okulunun çevresinde yapacağın farkındalıklı bir yürüyüş, daha önce yaşadığın güzel anıları anımsatabilir, yeni şeyler keşfetmene yardımcı olabilir, uzun zamandır görmediğin bir arkadaşınla karşılaşmak gibi tatlı sürprizler hazırlayabilir.

İyiliğin Bilim Hali
125. madde

Yaptım!

Nasıl hissettin?

3. Koşulsuz Sevgi

Koşulsuz, kuralsız, alışverişsiz ve sınırsız sev.

Severken dilediğince cömert davranabilirsin. Çünkü verdikçe artan ve hiç eksilmeyen en büyük iyileştirici gücün bu...

Sevgiyle açamayacağın kapı, yürüyemeyeceğin yol, aşamayacağın engel, hakikate dönüştüremeyeceğin hayal, onaramayacağın yara, iyileştiremeyeceğin hastalık, düzeltemeyeceğin ilişki, barışamayacağın bir dünya yok...

Sevmek, "Seni seviyorum" cümlesine sığdıramayacağın, hiçbir kelimeyle tarif edemeyeceğin eşsiz bir hazine.

Sevmek bazen tanımadığın birinin omzunda ağlamasına izin vermektir. Bazen adını dahi bilmediğin birinin yarasını sarmaktır. Bazen hayatın boyunca bir daha görmeyeceğin insanın yol parasını ödemektir.

Sevgiyi sadece seçtiğin insanlar, eşyalar ve hayvanların arasında paylaştırarak küçümseme. Kalbinin kâinatı içine sığdıracak kadar geniş olduğunu hatırla.

"Bir gün bu yolda bacakların pes ederse,
kalbinle yürümeye devam et."

İyiliğin Bilim Hali 202. madde

Nasıl hissettin? **Yaptım!**

4. Bez Çanta Çok Moda

Bugünden itibaren plastik poşet yerine bez çanta kullan.
Doğa sana minnettar olsun.

Her yıl 8,8 milyon ton plastik okyanuslara dökülüyor ve balıklar bu plastiklerle zehirleniyor.

Aslında dünyadaki plastiklerin sadece yüzde 5'i etkili bir şekilde geri dönüştürülebiliyor, yüzde 40'ı depolama alanlarında bekletilirken, üçte biri okyanuslar gibi kırılgan ekosistemlerin içerisinde varlığını sürdürüyor.

Bir poşetin denizde yok olma hızı 400 yıl... Karada ancak 800 yılda yok oluyor. Hem çevreye hem de sağlığa zarar veren plastik poşetler pek çok ülkede yasaklandı.

İngiltere'de plastik poşetler için ücret alınarak yoğun tüketimin önüne geçilmeye çalışılıyor.

Plastikle denizler, hayvanlar, bitkiler, toprak ve insanlar zehirleniyor. Çöp merkezlerinde oluşan metan gazının yarattığı düşük ısılı yanmalarla hava kirleniyor ve ekosistem büyük zarar görüyor.

Pazar filene sahip çık. Bez çantalar kullanarak içinde yaşadığın doğaya katkıda bulun!

İyiliğin Bilim Hali
10. madde

Yaptım!

Nasıl hissettin?

5. Masa Başı Egzersizi

Çalışırken, iki saatte bir mola ver.
Bedenini dinle.
Neye ihtiyacın olduğunu söyleyecektir sana.
Hareket et, çünkü hareket sağlıktır.

National Center for Chronic Disease Preventionand Health Promotion anketine göre Amerikalıların yüzde ellisi yeterli düzeyde bedensel egzersiz yapamıyor.

Peki bunun ne önemi var?

Durum şu:

İnsan bedeninin doğadaki her memeli gibi harekete ihtiyacı var.

O halde masanın başında hareketlenmeye başla.

Sadece 5 dakikalık bir egzersizle bile durumu kurtarmak mümkün...

Şimdi ayak bileklerini her iki yöne beşer kez küçük daireler çizecek şekilde döndür.

Dizlerini kendine çek ve içinden ona kadar say.

Sonra belini ve omuzlarını beşer kez daire şeklinde çevir.

Kollarını aşağıya doğru esnet ve gevşe...

Nasıl hissettin?

Yaptım!

6. Maviyle Gelen Huzur

Bugün denizi izlemek için kendine biraz zaman ayır.

Su yaşamın olmazsa olmazı... Üzerinde yaşadığımız dünyanın dörtte üçü suyla kaplı, tıpkı bedenimizin de olduğu gibi...

Yüzyıllar boyunca pek çok medeniyet suyun bulunduğu yerlerde kurularak gelişmiştir. Deniz havası eskiden bu yana depresyondan tüberküloza kadar pek çok hastalığın tedavisinde kullanılmıştır.

Yapılan araştırmalarda deniz kıyısında ya da akarsu kenarlarında zaman geçirmenin fiziksel sağlığı olumlu yönde etkilediği sonucuna varılmış. Ayrıca mutluluk hissini artırdığı da biliniyor.

Denizi izlemek, dalgaların sesini dinlemek ya da bir akarsu kenarında zaman geçirmek sakinleştirici bir güce sahip. Denizde yüzmek bedeni canlandırır ve zindeleştirir. Zihni olumsuz düşüncelerden arındırır, neşe verir.

Bazı bilim insanları denizin insan üzerinde yarattığı olumlu etkileri tanımlamak için "mavi zihin" terminolojisini kullanırlar.

Denizi izlemek, denizin ruhunu hissetmek ve içselleştirmek doğayı anlamak ve evrenle iletişim kurmak adına yapabileceğin en keyifli ve en etkili aksiyonlardan biri...

İyiliğin Bilim Hali
78. madde

Yaptım!

Nasıl hissettin?

7. Teşekkür Ederim

Teşekkür etmek için sebebe ihtiyacın yok!
Önce kendine teşekkür et, sonra hayatındaki herkese ve her şeye...

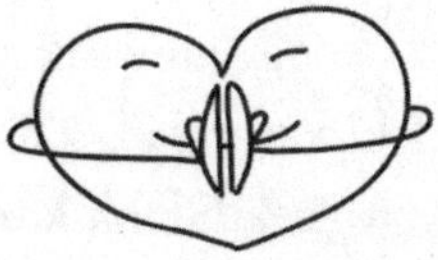

"Teşekkür" minnet duygusunun ifade edilmesidir ve ifade bulan her duygu mutluluk verir.

Teşekkür sadece özel ilişkileri desteklemez, işte verimliliği de artırır.

Bir araştırmaya göre yaptıklarından dolayı teşekkür sözleri işiten çalışanlar daha özverili ve daha istekli çalışıyorlar.

Mutlu çalışanlar, işyerindeki verim ve kalitenin iki katına çıkmasını sağlıyorlar.

Teşekkür etmek ikili ilişkilerde karşındakine ilişkinin sağlam temelleri olduğunu gösterir ve kendilerini daha güvende hissettirir. Sosyal ilişkilerin devamlılığını sağlarken yeni tanıştığın insanlara kaliteli ilişkiler kurabilecek biri olduğun mesajını verir.

Teşekkürün ilişkilere sağladığı faydanın yanı sıra bedensel sağlığa da katkısı büyüktür. Yapılan araştırmalara göre bu sihirli iki kelime vücudun parasempatik sinir sistemini tetikleyerek bağışıklık sistemini güçlendirir ve kalp ritmini düzenler.

Nasıl hissettin?

Yaptım!

8. Yogaya Ne Dersin?

Evine en yakın yoga stüdyosunu araştır ya da internetten kendi seviyene uygun yoga videoları izle.

Yoga gündelik şehir hayatının içindeki karmaşadan uzak kalabilmeyi sağlayan, farkındalık kazandıran, zihni ve bedeni aynı anda rahatlatan bir yaşam felsefesidir. Yoga, bedendeki tüm kaslar üzerinde çalışarak esnekliğin artmasını ve bedenin güçlenmesini sağlar. Düzenli yoga yapmak, duruş bozukluklarının giderilmesine yardımcı olur. Aynı zamanda yoga pozları içerisinde bedenin değişik kesimlerinde çalışan kaslar, iç organlara masaj yaparak fonksiyonlarının düzenlenmesini ve iyileşmesini destekler.

Yogadaki nefes çalışmaları, daha kaliteli nefes almamızı sağlarken, solunum sisteminin gelişmesine de yardımcı olur. Yoga nefesi, kan basıncını ve kalp hızını düzenleyerek stresi ve anksiyeteyi azaltır. Beyinde GABA mesajcı molekülünün miktarını en çok yükselten bedensel faaliyet yogadır. GABA (gama-aminobütirik asit) beyindeki en önemli mesajcı moleküllerden biridir, beyin aktivitesini dengeler ve rahatlamayı sağlar. Bir saat boyunca yoga yapmak beyindeki GABA miktarını yüzde 27 artırır.

İyiliğin Bilim Hali 21. madde

Yaptım!

Nasıl hissettin?

9. Telefonunu Kapat, Kalbini Aç

Gün içinde cep telefonunu en az 30 dakika kapalı tut.

Akıllı telefonlar hayatı kolaylaştırmakla birlikte karşılığında paha biçilemez değerde şeyler de alıp götürüyor. Mesela sosyal hayatını...

Teknoloji, ne yazık ki beraberinde yalnızlaşmayı da getiriyor. Kendinle ve etrafınla ilgili farkındalığın giderek azalıyor, hareketsizleşiyorsun.

Teknolojik istila, yaşamın içindeki hassasiyetleri azalttığı gibi, bireylerin sanallaşmasına da neden oluyor. Farkında olmadan, kendini başkalarıyla kıyaslarken buluyorsun. Kıyaslar dünyası bir kısırdöngü...

Elinde ya da cebinde bip sesi veya titreşim duymadan, bir ekrana bakmadan kendine ve etrafında olup bitene daha fazla odaklanabilirsin. Teknolojiden çalacağın 30 dakikanı sevdiklerine armağan edebilir, onlarla ilgilenebilirsin.

İnternetin ve sosyal medyanın yol açtığı zihin kirliliğinden 30 dakika boyunca uzak kalmak için telefonunu kapat.

30 dakikalık cep telefonu detoksu deneyiminden sonra, kullandığın diğer teknolojik cihazlarla ilgili de detoks yapmak isteyebilirsin.

Nasıl hissettin?

Yaptım!

10. Küçük Sürprizler, Büyük İlhamlar

Etrafında gülümseyen insanlar olsun istiyorsan küçük bir kıvılcım çak ve sevdiklerin için küçük sürprizler hazırla.

Küçücük sürprizlerin, büyük ve bulaşıcı mutluluklara nasıl ilham olabildiğini izle.

Mutlu etmek, mutlu olmaktır.

Sevdiklerini sevindirmenin, onlara sevgini ifade etmenin binlerce yolu var. En hızlısı, en içteni ve en sahicisi muhakkak en basiti ve en gönülden yapılanıdır.

Sevdiklerin için evinde sağa sola bırakacağın küçük sevgi notlarıyla etrafında sevgiyle gülümseyen yüzlerin mutluluğunda senin de payın olmuş olur.

Ayna kenarına, buzdolabına, masa üzerine, mont ceplerine bırakacağın küçücük notlarla büyük ilhamlara kıvılcım olabilirsin.

Mutluluk bulaşıcıdır.

Etrafına mutluluk virüsleri saçarak, neşeli bir salgının mimarı olmak istemez misin?

"Kendini mutsuz, değersiz ve yalnız hissettiğinde dur. Sadece hisset. Bedeninde milyonlarca hücre var ve hepsi için en değerli şey sensin..."

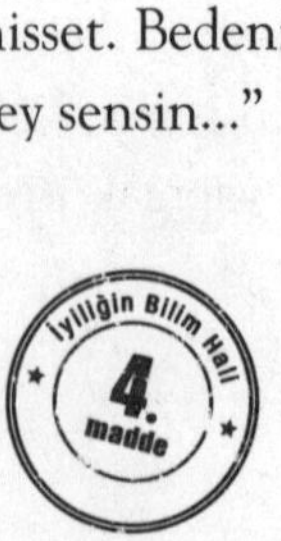

Yaptım!

Nasıl hissettin?

11. Cam Kullan Candan Olma

Plastik şişeli ürünler yerine cam şişeleri tercih et.

Gıda paketlemede kullanılan şeffaf plastikler dahil olmak üzere tüm polikarbon ürünlerin sağlığa olumsuz etkileri olduğu kanıtlandı.

Meyve ve sebzelerini saklamak için cam saklama kaplarını tercih et. Plastik pet şişelerdeki sular 2 haftadan uzun süre kullanıldığında suya karışan zararlı maddeler çözülüyor ve insan sağlığını etkiliyor.

Yine bilim insanlarına göre denizlerimize her yıl yaklaşık 12 milyon ton plastik ulaşıyor. Tüketilen plastikler hem sağlığımızı etkiliyor hem de çevreyi kirleterek karada ve denizdeki canlı türlerine zarar veriyor.

Kendi cam şişeni kullanarak plastikte üretilen içecekleri tercih etmezsen hem kendin, hem de gelecek nesiller için fark yaratırsın.

Nasıl hissettin?

Yaptım!

12. İş Başka Dostluk Başka

İş ilişkilerini kişiselleştirme.
Her zaman profesyonel davran.

Yaşamının büyük bir kısmı işyerinde geçiyor. İş arkadaşlarını ailenden fazla görüyorsun. Her biri giderek en yakın arkadaşların oluyor.

Ancak "iş" kelimesi devreye girince durum değişiyor. "Duygular mı yoksa mantık mı?" sorusunun arasında sıkışıp kalman an meselesi...

İş arkadaşını çok seviyorsun diye tabiri caizse arkasını toplamak zorunda değilsin. Böyle yaparak ona iyilik etmiş olmazsın. Gelişimini, işi öğrenmesini ve sorumluluk almasını engellersin. Herkes kendi işinden sorumlu. İşte verimliliğin kuralı bu...

İşi ve dostluğu birbirine karıştırdığın anlar olduğunu düşünüyorsan eline bir kâğıt ve kalem al, dürüstçe yazmaya başla.

Neden arkadaşının işini sen yaptın?

Bunu yaparken aslında sorumlu olduğun hangi işten geri kaldın?

Bu yüzden ne kadar zaman kaybettin?

Arkadaşınla yaşadığın bu duygusal çekişmeden dolayı verimliliğinin düştüğünü fark ediyor musun?

İşe odaklanamadığın oluyor mu?

Kendini sorgula ve cevaplarını yaz. Sonrasında iş ve dostluk ilişkisinin kurallarını belirleyen yedi ana prensip geliştir.

Yaptım!

Nasıl hissettin?

13. Sufi Nefesi

Sufilerin her gün düzenli şekilde yaptıkları nefes egzersizini öğrenebilirsin. Günde sadece on dakikanı ayıracağın sufi nefesiyle kendini şifalandırmaya başla.

Akciğerlere yaşamı dolduran nefes, günlük yaşamın stresli anlarında yönünü kaybettiğinde yeniden kendini bulmana yarayan, her zaman en doğru yönü gösteren pusuladır...

Nefese dikkatini vermek, göğsüne dolan havanın ferahlığını duymak, verdiğin nefesle yüklerini bıraktığını hissetmek, en hızlı ve en etkili iyileşme yöntemidir.

Yavaş nefes almak, parasempatik sinir sisteminin en büyük sinir yapılarından biri olan vagus sinirini uyararak, sempatik sinir sisteminin strese karşı verdiği savaş ya da kaç reaksiyonunu dengeler. Aynı anda kalp ritmi ve kan basıncını düzenleyerek zihnen ve fiziksel bir rahatlama sağlar.

Sufi nefesi yapmak için, dik pozisyonda oturabilir ya da yatağına uzanabilirsin. Avuç içlerin dizlerinin üzerinde ya da iki yanında yukarıya bakar şekilde durabilir. Gözlerini kapat ve yavaşça burnundan nefes al, aldığın nefesi daha yavaş bir hızla yine sakince ver.

İyiliğin Bilim Hali 196. madde

Nasıl hissettin? **Yaptım!**

14. Kıyafetini Paylaş

Bugün dolabını aç ve uzun süredir giymediğin üç kıyafeti bul. Giymediklerini kıyafet kumbaralarına bırak ya da belediyelerin gönüllü kıyafet toplama ekipleriyle iletişime geç.

"Belki bir gün giyerim" diyerek bekletip hiç giymediğin hatta senelerce yüzüne bile bakmadığın kıyafetler dolabında yer kapladığı gibi ruhunda da yer kaplar. Çünkü içten içe bilirsin ki o kıyafetler dolapta beklemek yerine ihtiyacı olan birilerini sarıp sarmalayabilirdi.

Kullanılmayan kıyafetleri ihtiyaç sahiplerine ulaştırmak eskilerden kurtulmanın ve geçmişinden arınmanın rahatlığını yaşatırken ihtiyacı olanları ısıtması da ayrıca iç huzuru verir.

Harvard Business School tarafından 2010 yılında 136 ülke çapında yapılan bir araştırma, cömertçe bağışta bulunan insanların kendilerini diğerlerinden daha mutlu ve tatmin olmuş hissettiğini ortaya koyuyor.

İyiliğin Bilim Hali 112. madde

Yaptım!

Nasıl hissettin?

15. Hadi Tai Chi Yapalım!

Tai Chi yapmayı dene.

Tai Chi "hareket halindeki meditasyon" olarak adlandırılır. "Hareket halindeki şifa" da denebilir.

Tai Chi'nin en önemli prensibi zihin ve bedenin bütünleşmesidir; beden hareketlerinin nefesle birleşerek yaşam enerjisini harekete geçirmesi ve bu enerjinin bedende ve bedenin enerji alanı içerisinde dolaşmasıdır. Yapılan araştırmalarda vücut dengesini artırdığı, stres yönetiminde yardımcı olduğu ve kronik ağrıların tedavisinde belirgin etkisinin bulunduğu kanıtlanan Tai Chi, modern tıpta da özellikle kas-iskelet sistemi hastalıklarında, sinir sistemi, dolaşım sistemi ve solunum sistemi rahatsızlıklarında tamamlayıcı bir tedavi yöntemi olarak kullanılmaktadır.

Çin'de ortaya çıkan ve bir Uzakdoğu spor sanatı örneği olan, her yaş ve beden yapısındaki insanın kolaylıkla yapabileceği Tai Chi'nin pek çok sağlık probleminin çözülmesinde önemli rol oynadığı bilinmektedir. Tai Chi bedene güç, esneklik ve denge sağlar; nefes ve beden hareketi arasındaki uyumu yakalamaya yardım eder.

Nasıl hissettin?

Yaptım!

16. Sımsıkı Sarıl

Sevdiğin birine sıkıca sarıl.
Pestilini çıkarana kadar da bırakma!

Sarılmak, neden iyi hissettirir hiç düşündün mü?

Tanımadığın insanlara bile sarıldığında iyilik hissini alırsın. Çünkü sarılmanın sihri sadece duyguda değil aynı zamanda fizikte ve zihinde.

Nobel ödüllü Dr. Otto Warburg'un yaptığı çalışmalara göre kollarını iki yana açman scapula adıyla bilinen kemiklerin arasındaki rhomboid kaslarını sıkıştırarak torasik (göğüs bölgesi) alandaki kifozu (kamburlaşma) azaltarak akciğer kapasitesini artırır.

Sarılmak oksitosin adı verilen mutluluk hormonunu salgılatır. Oksitosin immün sistemin de aktivitesini artırır, bağışıklığı güçlendirir. Acı hissini azaltır.

Aynı zamanda sarılmak karşındaki insanın ayna nöronlarını harekete geçirerek bulaşıcı bir mutluluk hareketi başlatır.

Gülümsemeye başladığın an serotonin adlı mutluluk hormonu da salgılanmaya başlar.

Sarılmak aslında ne kadar sihirli ve güçlü bir mutluluk hareketi değil mi?

İyiliğin Bilim Hali 210. madde

Yaptım! **Nasıl hissettin?**

17. Empati Kur, Empati Bul

Empati kur, olayları başkalarının gözüyle de gör.

Empati, kendini karşındakinin yerine koyabilmek, tabiri caizse onun ayakkabılarını giymek, onun gözlerinden dünyaya bakmak, onun kalbinden hissedebilmektir.

Empati, ilişkilerin yapıcı faktörlerinden biridir.

Böylece çatışmaların, uyuşmazlıkların ve anlaşmazlıkların üstesinden gelmek mümkün olur.

Empati öğrenilir. Sende kendiliğinden var olmasını bekleme. Empatik olamadığı için de kimseyi suçlayıp yargılama. Unutma ki herkes seçtiğini yaşar.

Sen sağlıklı ilişkiler yaşamayı, sağduyulu, bilinç sahibi bir gönül olmayı seçiyorsan empati kurabilmeyi öğrenmeyi de seçebilirsin.

Bunun için sayısız fırsat var önünde.

Mesela yargıladığın insanların yerine geç. Hem kimi neden yargıladığının cevabını bulur, içindeki kırık parçayı keşfedersin, hem de yargıladığın insana onun penceresinden bakarak, onu olduğu haliyle kabullenmenin ne büyük bir gönül ustalığı olduğunu deneyimlersin.

İyiliğin Bilim Hali 165. madde

Nasıl hissettin? **Yaptım!**

18. Naylonu Soyun Doğalı Giyin

Sentetik malzemelerden yapılan (naylon-polyester karışımı vb.) kıyafetler yerine yüzde 100 pamuk, ipek, keten, yün ve kaşmir gibi doğal kıyafetler giymeyi tercih et.

Sentetik elyaflar; petrol ve türevleriyle bazı kimyasallardan yapay olarak üretildiğinden bu tip kıyafetlerin deriyle teması insan sağlığını olumsuz yönde etkiler.

Alerjiden kansere büyük oranda tehdit yaratan kumaşlara işlemiş kimyasallar ve yapay maddeler ter yoluyla vücuda karışır. Bu yüzden naylon, leke tutmaz/buruşmaz kumaşlar sağlık açısından zararlı kumaşların başında yer alır.

Bunun yerine yünlü, pamuklu, ipekli ya da kaşmir kıyafetler tercih edebilir, bedeninin sağlıklı nefes almasına fırsat verebilirsin. Bu sana kendini hem daha zinde hissettirecek, hem daha az terletecek, hem de sağlığını koruyacaktır.

Yaptım!

Nasıl hissettin?

19. Bir Çiçeği Evlat Edin

Çalışma masana canlı bir çiçek al.
Her gün düzenli sula ve evlat edindiğin çiçeğine ilgi göster.

Çiçek evlat, işyerinde zor anlarının dostu...

Çiçek evladına bir isim ver ve bakımını ihmal etme. İhtiyaç duyduğu ilgiyi ve bakımı göster.

İş temposundan bunaldığın ya da kendini sıkışmış hissettiğin anlarda çiçek evladının sana gülümsediğini hayal et.

Ne de olsa alaycı bir evlat...

Yapılan araştırmalar gösteriyor ki masasında çiçek bulunduran çalışanların verimliliği yüzde 15 oranında artıyor.

Nasıl mı?

Mesela senin de masanda bir çiçeğin var. Çiçek canlı olduğu için sana enerji verir. Zamanla aranızda bir bağ da kurulacaktır. Ortamın oksijen seviyesini artırıp, nem dengesini düzenler. Hoş kokulu bir çiçek edindiysen doğal oda parfümün de hazır demektir.

Masanda sana eşlik eden minik bir canlıya göz kulak olmak mutlu hissetmeni sağlar.

Nasıl hissettin?

Yaptım!

20. Sevginin Müziği

Müziği hayatının bir parçası haline getir.
Sana kendini iyi hissettiren müzikler dinle.

Müzik, sevgiyi en güzel ifade edebilen evrensel sanatlardan biridir. Herkesin iyi hissettiren, anında neşelendiren, canlandıran bir şarkısı vardır. Keyifli olduğun zamanlarda şarkılar mırıldanır, güzel bir şarkı duyduğunda canlanır, rahatlarsın.

Müzik sayesinde ruh halini hızlıca değiştirmen mümkün. Birbirini hiç tanımayan insanlar bile, müziğin evrensel birleştirici gücüyle, aynı anda aynı şarkıyı söyleyerek birbirlerinin gözlerinin içine bakar ve gülümsemeye başlar.

Müziğin iyileştirici gücü, uzun yıllar boyunca Mezopotamya'da, Mısır ve Roma medeniyetlerinde tıp alanında yaygın olarak kullanılmıştır.

Müziğin zihinsel ve bedensel iyileşmeye olumlu katkısıyla ilgili yapılan sayısız araştırmalara göre müzikle terapi modern tıp uygulamalarında yardımcı faktör olarak yaygın şekilde kullanılıyor.

Müzik dinlemek, meditatif bir eylemdir. Kendine döndüğün zamanlarda müzik içsel yolculuğunda sana eşlik eder, rehberin olur. İçsesini dinleyebilmek için, önce kendi müziğini duy...

Yaptım!

Nasıl hissettin?

21. Kitap Bağışla

Daha önce okuduğun ve başkalarının da okumasını istediğin kitaplarını sevdiğin birine, bir kütüphaneye ya da bir okula bağışla. Gittiğin kurumların bekleme salonlarına bir kitap bırak.

Kitaplar bizi hiç beklemediğimiz serüvenlere çıkartıp, hayal gücümüzü genişletir. Hayal kurarken yaratıcılığını geliştiren okuyucunun beyin fonksiyonları da artar. Ayrıca okuyucular farklı bakış açıları edinerek empati yeteneklerini geliştirir.

2009'da Sussex Üniversitesi'nde yapılan bir araştırmaya göre, stresi yenmenin en etkili yolu, eski moda hobileri ortaya çıkarmak.

Nasıl mı?

Mesela kitap okumak, müzik dinlemek, çay içmek, kahve keyfi yapmak, yürümek...

Araştırmaya göre kan basıncı ve kas tansiyonları kontrol edilen katılımcıların, kitapların sayfalarını çevirmeye başladıktan 6 dakika sonra stresleri düşmüş.

Sevdiğin bir eserin ya da senin yaşamına dokunmuş bir kitabın içine kendi kalbinden dökülen bir not yaz. Onu ihtiyacı olan birine ver ya da bir yere bırak, #kitabanotyaz etiketiyle paylaş. Sonrasında o kitabın nasıl güzel bir hediyeye dönüştüğünü göreceksin...

İyiliğin Bilim Hali 135. madde

Nasıl hissettin? **Yaptım!**

22. Spor Yap Dinç Kal

Kendine, kolaylıkla devam ettirebileceğin bir egzersiz seç.

Her sabah uyandığında ilk işin 15 dakika boyunca bu egzersizi yapmak olsun. Mümkünse bir hafta hiç ara vermeden egzersize devam et.

Yaşam hareketle başlar, hareketle devam eder! Spor yapmak, kendimize, sağlığımıza yapabileceğimiz en önemli katkılardan biridir. Sporu günlük yaşantımızın bir parçası haline getirmek, daha sağlıklı ve zinde bir bedene sahip olmanın yanı sıra, öz-değer duygumuzun artmasını, bedenimizle kurduğumuz ilişkinin daha iyi yöne doğru ilerlemesini ve kendimizle geçirdiğimiz kaliteli zamanın çoğalmasını sağlar. Spor yapmak için hiçbir zaman geç değildir, her yaştan, her beden tipinden insan, bedeninin şartlarına uygun bir spor tarzı belirleyerek hemen başlayabilir.

Spora başlarken ve devamında bedene uygun olmayan süreler ve bedeni zorlayan hedefler belirlemek, motivasyonun yitirilmesine neden olur. Oysa kısa süreli ve bedene uygun egzersizler seçildiğinde her gün spor yapmak ve bunu alışkanlık edinmek daha kolay hale gelir.

İyiliğin Bilim Hali 179. madde

Yaptım!

Nasıl hissettin?

23. Yavaşlığın Keşfi

Yediğin şeyin farkına var.
Yutmak için değil fark etmek için ağzında tut.
Tadını, kokusunu, yapısını, sıcaklığını duy.
Bunların sende yarattığı hislere odaklan.

Yaşamsal rutin aktivitelerden biridir yemek...

Rutin bir eylem olduğu için de beyin tarafından otomatikleştirilmiştir. Bu nedenle çok zaman farkında bile olmadan, mekanikleşmiş hareketlerle yemek yeniyor.

Onun yerine yemek eylemini bazı zamanlar otomatik hareketlerden çıkar ve yeni öğrendiğin bir eyleme dönüştürerek deneyimle.

Kaşığı nasıl tuttuğuna bak, ağzını, dudaklarını ve dilini kaşığın içinde bekleyen yemeğe nasıl hazırladığını izle, yediğin şeyin damağına yapışmasını, dişlerinin arasında çiğnenişini, dilinin üzerinde yarattığı hisleri izle.

Yediğin şeyin tadı, kokusu, sıcaklığı, yapısı ne kadar farklı... Bu sana ne hissettiriyor? Yavaşlamak, sana kendinde fark etmediğin pek çok şeyi hatırlatır. Tat alma yeteneğin ile aldığın tatlara reaksiyon veren hislerin arasındaki bağı gör.

İyiliğin Bilim Hali 11. madde

Nasıl hissettin? **Yaptım!**

24. Övülesi Haller

Övgü dolu sözler kullanmakta bonkör ol.

Başarmak için motivasyon şart.

Motivasyon, başarı kazanının altındaki ateşi yakmaktır. Suyu ısıtmak, hareketi başlatmaktır.

Takdir etmek, güçlü bir motivasyon yöntemidir.

Senin de takdire ve motive edilmeye ihtiyacın olabilir.

İhtiyaç duyduğun şeyi yaşamak için ilk bonkörlüğü senin yapman gerekir.

Nasıl mı?

Kendin için istediğin bir şeyi başkasına sunarak...

O halde bugün etrafına bak ve takdir edilmeyi bekleyen gizli kahramanları gör.

Etrafındaki insanların yeteneklerini, olumlu özelliklerini fark et ve onları takdir et. Övgü dolu sözler söylemek konusunda lütfen cimri olma.

Başkasına iyi gelen şeyin, sana da iyi geleceğini her zaman hatırla.

"İyi bir şey söylemeyeceksen, hiçbir şey söyleme..."

Yaptım!

Nasıl hissettin

25. Ekolojik Piknik

Piknikte plastik tabak, çatal, bardak kullanma.

Havalar ısındığında aklına piknik yapmak mı geliyor?

Şahane fikir... Ama bir şartla... Pikniğe plastikle gitmek yok.

Doğal yiyeceklerin olduğu, sevdiklerinle muhteşem anılar biriktirdiğin bir piknik olsun. Ama doğanın kalbine misafir olurken saygılı olmayı da ihmal etme lütfen.

Bir yandan seni kucaklayan doğanın verdiği hazzı yaşarken diğer yandan ona zarar verme. Piknik alanını bulduğundan daha pis bırakma... Hatta bulduğundan daha temiz bile bırakabilirsin. Emin ol doğa sana minnettar olacaktır. Başkalarının attığı çöpleri temizleyerek pikniğine keyif kadar anlam da katmış olursun.

Çöpün sahibi olur mu?

Olmaz...

Dünyayı hepimiz paylaşıyoruz sonuçta...

Sürdürülebilir çevresel farkındalık yaratmak istiyorsan kullandığın ürünlerin doğada dönüşebilir veya tekrar kullanılabilir olmasına özen göster. Sen doğaya sahip çık ki yarın çocukların ve arkadaşları da piknik yapabilsin.

Nasıl hissettin?

Yaptım!

26. Sevdiklerin Yanında

Çalışma masana ailenin fotoğrafını koy. Güzel bir çerçevenin içinde sevdiklerin sana gülümsemeye devam etsin.

Yaşamımız boyunca yüzlerce saat çalışmamızın en temel nedeni dünyadaki yerimizi belirleme ve varlığımızı anlamlı kılma isteğidir.

İşten boğulacak noktaya geldiğinde bile seni kaybolmuşluk hissinden kurtaracak olan insanlar, yanı başında sana güç vermeye devem edecekler, yaptığın işi de hayatını da anlamlandıracaklar.

Hem de senin çektiğin bir kare fotoğrafla yanı başında duruyorlar.

Bu kareye her baktığında yüzüne yansıyan anlık tebessümler bile gücüne güç katacaktır. Yorgunluğuna farklı bir açıdan bakabilmeni ve verimliliğini artırmanı destekleyecektir.

Sevdiklerinin çerçevedeki mutlu yüzlerini gördükçe daha güzel ve daha mutlu günlerin motivasyonuyla kendini zinde hissedersin. İşine dört elle sarılırsın.

İyiliğin Bilim Hali 80. madde

Yaptım!

Nasıl hissettin

27. Gözyaşlarına Özgürlük

Ağlamak istediğinde, bırak gözyaşların aksın, kendini tutma.
İçinde biriken tüm olumsuz duyguyu gözyaşların aracılığıyla bedeninden at…

Duygularını saklayan ya da bastırmayı tercih edenlerden misin?

Toplum içinde duygusal görünmemek çok zaman genel bir tutum. Başkalarının yanında ağlamaktan çekinen çok insan var.

Olumlu duygular kolayca ifade edilebildiği halde olumsuz duyguları hissetmek ve getirdiklerini deneyimlemek konusunda çekimser kalınabilir.

Ağlamak çok zaman güçsüzlük sayılır.

Oysaki ağlamak, ruhun suyla şifasıdır... Ağlamaya başladığımız anda gözyaşlarımızla birlikte içimizde birikenler boşalmaya başlar ve tüm bedende bir rahatlama oluşur.

Ağlarken nefes açılır, göğüskafesine daha fazla oksijen dolar ve tüm sinir sistemi dengesini bulmak için harekete geçer. Ağlamak, üstü örtülmemesi gereken pek çok olumsuz duyguyu etkin bir şekilde sağaltabilir. Üstelik, gözyaşlarını cesurca bıraktığında, seni gerçekten seven biri koşa koşa gelip sana sarılır.

"Öyle bir ağla ki, aynı nedenden bir daha asla ağlama."

Nasıl hissettin? **Yaptım!**

28. Bağış Kampanyalarına Destek Ver

Zor durumda olan canlılara yardım eden, doğayı ve yaşamı korumak için organize olan, sağlık problemleri olanlara destek olan, afet durumunda arama kurtarma çalışmaları yaparak hayat kurtaran, çocuklara giysi desteğinde bulunan herhangi bir yardım kuruluşu için bağış kampanyasına katıl.

İyilik hareketi oksitosin hormonunu salgılatarak duygusal yakınlık kurmaya yardımcı olur.

Oksitosin hormonu vücutta kan damarlarının genişlemesine yol açan nitrik oksit kimyasalının salgılanmasını sağlar.

Kan damarlarının genişlemesi kan basıncını düşürür ve bu nedenle oksitosin "kalp koruyucu" hormon olarak da bilinir.

Oksitosin ayrıca özgüveni artırır ve iyimser bir bakış açısı kazandırır.

Yaptım!

Nasıl hissettin

29. Müzik Bedenin Gıdasıdır

Müzik ruha olduğu kadar bedene de iyi gelir.

Müziğin evrensel bütünleştiriciliği, pek çok zihinsel ve ruhsal problemin giderilmesine yardımcı olduğu gibi, bedensel rahatsızlıkların giderilmesindeki yararları da saymakla bitmez. Rahatlatıcı müzikler dinlemek kronik ağrıların hafifletilmesini sağlar. Spor yaparken neşeli ve hareketli müzikler dinlemek, performansı artırdığı gibi dayanıklılığı da destekleyerek daha uzun süre daha verimli spor yapmayı ve odaklanmayı kolaylaştırır. Müzik, egzersiz sonrasında bedenin toparlanma sürecinde de rahatlatıcıdır.

Müzik uyku kalitesini artırır, özellikle klasik müziğin insomnia olarak adlandırılan uykusuzluk hastalığının tedavisinde çok etkili sonuçlar verdiği bilinmektedir. Yapılan araştırmalara göre loş ışıkta ve yumuşak müzikler eşliğinde daha yavaş yemek yeniyor ve böylece sindirim sorunu da yaşanmıyor.

Müziği hayatına daha fazla kat. Müziğin iyileştirici gücüyle, aynı anda hem bedenini, hem ruhunu ve zihnini şifalandır. Müziğin evrensel birleştirici gücünü bütünsel şifa için yaşamının her alanında kullan.

İyiliğin Bilim Hali 57. madde

Nasıl hissettin?

Yaptım!

30. Renklerin Gücü

Yaşam alanında ve kıyafetlerinde deneyimlemek istediğin duyguyu sana verebilecek renkler seç.

Renkler çoğunlukla duygularla ilişkilidir. Renklerin enerjisi zihinsel ve ruhsal halini etkiler.

Yapılan araştırmalar, kırmızıya bakan insanların kalp hızının arttığını ve daha fazla adrenalin salgıladıklarını ortaya koyuyor. Buna karşılık maviye bakanlar daha sakin. Kalp ritimleri dengeli...

Kırmızı, sarı ve turuncu gibi sıcak renkler konfor ve rahatlık duygusu verirken; yeşil, mavi ve mor gibi soğuk renkler sakinlik ve dinginlikle ilgilidir.

Renklerin enerjileri konusunda daha fazla bilgi edinerek deneyimlemek istediğin duyguya göre evinde, işyerinde ya da kıyafetlerinde bilinçli seçimler yapabilirsin.

Yaşayan her canlının biyofotonlar sayesinde gözle görülmeyen bir renk tablosu oluşturduğunu biliyor muydun?

Yaptım!

Nasıl hissettin

31. İki Düşün, Bir Söyle

Aklına ilk geleni söyleme.
Önce niyetinden emin ol.
Acıtmak için mi konuşacaksın,
kazanmak için mi, ifade etmek için mi?

İletişim bir sanattır ki her zaman sözle olmak zorunda değildir. Ancak sözle iletişim başlı başına önemli ve değerli bir konudur.

Söz çok güçlüdür çünkü içinde duygular da vardır. Söylenmeyenlerin sesini de içerir.

Bu yüzden sözlü iletişim, büyük özen, dikkat ve bilinç ister. Ağzı olanın konuştuğu bir dünyada aslında ne kadar değerli bir hünerden bahsediyoruz değil mi?

Bu yüzden aklından ilk geçeni söylemiş olmak ifade etmiş olmak anlamına gelmez.

Dilinin ucuna gelmek için can atan sözün, duygusuna da bak lütfen. Çünkü tepki alacak olan şey, sözlerin değil hislerindir.

Kırmak için mi konuşacaksın, acıtmak amacında mısın, sarsmak mı istiyorsun, canı sıkılsın diye mi umuyorsun, öfkeni mi kusacaksın, saldırganca mı yaklaşıyorsun, gülümsetmek mi istiyorsun, yapıcı mısın?

Hislerini ifade etmek için konuştuğunu unutma.

Nasıl hissettin?

Yaptım!

32. Cısss! Sıcak Ütü!

Ütülenecek kıyafetlerini biriktir ve hepsini bir defada ütüleyerek ütüyü defalarca ısıtmak zorunda kalma. Ayrıca ütüleme işi bitmeden ütüyü prizden çek ve son parçaları mevcut ısısıyla tamamla. Böylece elektrik tüketimini azalt.

Enerji, temel ihtiyaçlardan bir tanesi... Sürdürülebilir gelişme açısından enerji kaynaklarının tüketimi çevresel problemleri beraberinde getirir. Bu yüzden kullandığın her türlü elektrikli alet için harcanan enerji tüketimine dikkat etmelisin.

Ütü yaparken müzik dinlemek ya da dizi izlemek ütünün süresini uzatır ki bu da ısı ve enerji kaybı demektir.

Ütü yaparken enerjiden ve süreden tasarruf edebilmenin bir yolu da teknolojinin ve endüstriyel tasarımın sunduğu armağanlardan biri olarak ütü masası örtüsünün ısıyı yansıtan malzemelerle kaplı olmasıdır. Kıyafetlerin bir yüzünü sen ütülerken diğer yüzü de bu tür örtüler sayesinde ütülenebiliyor. Bu da iyi bir enerji tasarrufu örneği olabilir.

Yaptım!

Nasıl hissettin?

33. Oyalama Beni, Veda Et Artık

Cep telefonunda, seni oyalayacak, konsantrasyonunu bozup dikkatini dağıtacak bütün uygulamaların sesini kıs.
Sosyal medya hesapları, e-postalar, mesajlaşma uygulamaları...
Her şeye mola...

Beyin sadece bir işle uğraştığında o işe en yüksek konsantrasyonu sağlıyor. Bu yüzden iş yaparken, dış uyaranlardan uzak durmak verimliliği artırır.

Telefon uygulamalarındaki anlık bildirimler, beyni gereksiz yere meşgul eder ve verimliliği düşürür. Şimdi telefonunu eline al, hızlıca göz gezdir ve hangi uygulamaları kapattığında hayatını derinden etkilemeyecek şekilde bir konsantrasyon alanı yaratabilirsin bak.

Bilgisayarda çalışırken de konuyla ilgisiz olduğu halde sürekli gözüne çarpıp duran segmentleri kapat.

Beynine tam performanslı bir çalışma için fırsat ver ki işini kolaylıkla ve bir çırpıda bitirmen mümkün olsun. Sonrasında ilgini çeken her şeye yeniden kavuşabilirsin.

İyiliğin Bilim Hali 46. madde

Nasıl hissettin? **Yaptım!**

34. Başucu Kitabım

Kalbine dokunan ve yolculuğuna kılavuzluk eden bir kitabın olsun.
İçinden geldiği an rasgele bir sayfasını açıp oku.
Yeni hayallerinin kapılarını arala…

Kitaplar sihirli dünyalara açılan pencerelerdir.

Birçok deneyime ulaşmak üzere ruhun kullanabileceği kestirme yollardır.

Aradığın cevap çoğu zaman iki satıra gizlenmiştir ve senin onu bulmanı bekliyor olabilir. Kendine kılavuz olarak seçtiğin kitabın seni götüreceği içsel yolculuğa teslim olup derinleştikçe yanıtlarına da kavuşursun.

Kitaplar, içsel dünyamızı zenginleştiren sadık dostlarımızdır.

İngiltere'de Kingston Üniversitesi'nde 123 kişilik katılım grubuyla gerçekleştirilen bir araştırmaya göre kitap okumak, sosyal ortamlara kolaylıkla adapte olmayı sağlıyor. Çünkü düzenli kitap okumak, empati duygusunu geliştiriyor.

İyiliğin Bilim Hali 90. madde

Yaptım!

Nasıl hissettin?

35. Palyaço

Uzun süredir çocuk hastanelerinde yatan, oyun oynayamayan, okula gidemeyen ve arkadaşlarından uzak kalan çocuklar için gönüllü ol.
Onlarla oyunlar oyna.
Onlara hediyeler dağıt, boyama defterleri ve renkli kalemler götür.
Birlikte resim yapın.
Hatta onların yanlarına palyaço kostümü giyerek bile gidebilirsin.
Hayatları boyunca seni unutmayacaklardır.

Pozitif düşüncenin sağlık ve iyileşme süreci üzerine olumlu etkisi olduğu yapılan birçok araştırmada görülmüştür. Hastalar sürekli aynı hastane ortamında sadece hasta olduklarını hatırlarlar, gündelik yaşamlarına özlem duyarlar. Onlara bulundukları ortamı unutturup güzel vakit geçirmelerini sağlamak kafa dağıtmalarına ve ortamlarında yeni bir pencere açmaya yardımcı olur. Böylece belki de içlerinde ufacık da olsa bir umut yeşerir ve iyileşmeye bir adım daha yaklaşırlar.

Ne dersin? Bunca emek bir çocuğun gülümsemesi için değmez mi?

Nasıl hissettin?

Yaptım!

36. Akupunktur Noktalarına Dokun

Bedenindeki akupunktur noktalarını öğrenmek için internette araştırma yap.

Akupunktur, binlerce yıldır Çin tıbbında uygulanan, belki çok daha eski kadim öğretilere dayanan, bütünsel sağlığa hizmet eden oldukça eski bir yöntemdir; sonsuz sayıda fiziksel yararının yanı sıra, pek çok bedensel hastalığın iyileştirilmesinde fayda sağlar.

Bedenin enerji akış hatları olan meridyen haritalarında belirli noktalara uyarılar uygulanarak yapılan akupunktur, günümüzde tamamlayıcı tıp uygulamaları içerisinde modern tıbbın tedavi yöntemlerine ek olarak sıklıkla uygulanmaktadır.

Akupunktur, kas-iskelet sisteminin pek çok rahatsızlığında, özellikle fibromyalji ve karpal tünel sendromu gibi kronik ağrıların çözümünde etkili sonuçlar vermektedir. Kronik rahatsızlıkların tedavisinde, orta ve ciddi seviyede depresyonu olan ve depresyon ilaçlarından fayda görmeyen depresyon rahatsızlıklarının tedavisinde akupunkturun büyük ölçüde yararı vardır.

Bedenindeki akupunktur noktalarını araştırabilir, kendi kendine uygulayabileceğin yöntemler konusunda bilgi edinebilirsin.

Yaptım!

Nasıl hissettin?

37. Bugünün Hayali Yarının Gerçeği

Yaşamak istediğin hayatı hayal et.

İmgelemek, güçlü zihinsel faaliyettir.

Zihinsel dengenin korunmasında ve iyileştirilmesinde hayal etmenin büyük bir önemi var. Hayal kurarak, gerçekleşmesini istediğin pek çok durumu zihninde imgelemen, senin için hayalini gerçekleştirmek adına bu yolda atacağın her adımın motivasyon kaynağı olacaktır. İmgeleme çalışmaları, bilinçaltında hayalini gerçekten yaşıyormuşçasına bir etki yaratarak bu hayale ulaşma yolunda kendine koyduğun engelleri ortadan kaldırmana yardım eder; kendine çizdiğin sınırlara hapsolmaktan daha kolay özgürleşirsin.

Hayal gücün, seni harekete geçirir. Hayal ettikçe hayallerini yaşar, hayallerini yaşadıkça daha fazlasına erişirsin.

Hayal kurmak daha coşku dolu ve daha istekli olmanı destekler, anksiyeteyi ve korkuyu azaltır. Ayrıca mutlu sonlar, olumlu sonuçlar imgelemek bedensel ve zihinsel iyileşmeyi hızlandırır, yaşamsal dengeyi korur.

Nasıl hissettin? Yaptım!

38. Sesim Geliyor mu?

Ses tonun, seçtiğin sözcükler kadar önemli.
Ses tonun konuşmadığın sözcüklerin nağmeleridir.
Bu yüzden sözcüklerin kadar, ses tonun konusunda da seçici olmalısın.
Sonrasında "Ben öyle bir şey demedim ama neden böyle oldu?" diye yakınmak da var.

Ses tonun duygularının ifadesidir. Ne anlattığından çok hangi duyguyla ve ne niyetle anlattığın önemli...

Konuşmanın niteliği, ses tonunda gizlidir.

Takdir edersin ki döver gibi "Seni seviyorum" demek olumlu hiçbir his uyandırmadığı gibi üzer ya da gerer.

Sözcüklerin aslında ne kadar da önemsiz olduğunu bile düşünebilirsin artık.

Değerli bir konuşmada hislerle, niyet ve sözcükler birbirini tamamlar. "Git!" dediğin halde hislerin "Kal!" diyorsa değerli bir konuşma yapmış olmazsın. Yaratacağın tek şey karmaşa ya da kaos olur.

Yaptım!

Nasıl hissettin?

39. Bulaşıklara Bıcı Bıcı

Bulaşık makineni, kapasitesini aşmayacak şekilde tam doldurduktan sonra uygun sıcaklıkta çalıştırmaya özen göster.

Bulaşıkları yıkamak için çoğu zaman 55 derece su sıcaklığı yeterlidir. Yüksek sıcaklıkta yıkamak fazla enerji tüketimine neden olur. Makinenin yeterince dolmadan çalıştırılması da verimliliği azaltır. Ayrıca deterjanların içindeki pek çok enzim, 50 derece sıcaklığın üzerinde etkinliklerini kaybeder.

Dört kişilik bir ailenin günlük bulaşığı elde yıkandığında ortalama 84-126 litre su harcanır. Oysa aynı ailenin bulaşığı makinede yıkandığında sadece 12 litre su kullanılmış olur.

Sadece bulaşık makinesi tercih ederek bile yılda ortalama 26-40 ton suyu tasarruf ederek okyanusları kurtarman mümkün...

Bu hareketi asla küçümseme... Bu bilgiyi paylaştığın her 3 kişiden biri adım attığında kurtarılabilecek olan suyu düşün. Sen ve yakın çevreni bu konuda bilgilendirmeyi unutma.

İyiliğin Bilim Hali 117. madde

Nasıl hissettin?

Yaptım!

40. Aile Sofrası

Bu akşam herkesi sofra başında topla
ve ailece keyifli bir yemek yiyin.

Tüm gün yoğun stres altında bütün işlerini yetiştirdin. Belki de tam tersi... Oldukça yorucu ve kötü bir gün geçirdin. Kolunu kımıldatacak halin kalmadı.

Her şeyi arkanda bırakıp aileni bir araya topla, stresini de, yorgunluğunu da, başarını da, sıkıntını da, hedeflerini de, korkularını da açıkça onlarla paylaş. İş hayatını, ailenden izole etme. İşin, hayatının bir parçası... Yokmuş gibi yaşayamazsın ama paylaşımlarınla destek alabilir, motivasyon bulabilir, ailenin gücünü arkanda hissederek işinle ilgili hislerini kuvvetlendirebilirsin.

Kendini başarısız bulduğun durumları ailene anlat. Belki de durum sandığın kadar kötü görünmeyecektir. Birdenbire yeni bir bakış açısı edinebilirsin.

Eğer çocukların varsa onların bir gülüşü bile sana yeniden güç kazandıracaktır.

Brigham Young Üniversitesi'nde yapılan bir araştırmaya göre, çocuklar açısından faydalı sayılan aile yemekleri, çalışanların da enerji toplamaları açısından çok değerli fırsatlar.

Yaptım!

Nasıl hissettin?

41. Ruhun da Dinlenmek İster

Sadece bedeninin değil, ruhunun da dinlenmeye ihtiyacı var.
Peki ruh nasıl dinlenir?
Tıpkı beden gibi ruh da uykuyla dinlenir.

Kaliteli uyuduğunda, sabahları dinlenmiş halde, kendini daha enerjik ve motive hissederek uyanırsın.

Tasavvufta uykunun, ruhun kabuğuna çekilip dinlendiği en özel anlar olduğu söylenir. Uyku kaliteni artırdığında bedenin dinlenir, ruhun beslenir.

Yaşamı her gün yeniden en muhteşem şekilde karşılayabilmek ve her gün yeniden doğup özgürce istediklerini deneyimleyebilmek için daha çok enerji ve motivasyon sağlarsın.

Uluslararası Uyku Federasyonu'nun yapmış olduğu araştırmaya göre katılımcıların yüzde 26'sı kalitesiz uyku yüzünden gündelik yaşamlarında ruhsal tükenmişlik yaşıyor. Konuyla ilgili yapılan başka bir araştırmada 150 kişinin uyku düzeni 2 hafta boyunca takip edilmiş ve günde 7 saatten az uyuyanların, 8 saat uyuyanlara göre hastalanma risklerinin 3 kat daha fazla olduğu saptanmış.

Nasıl hissettin? **Yaptım!**

42. Kan Ver Can Bağışla

Kan ihtiyacı çağrısına cevap ver veya kan bankasına kan bağışla...

Kan verdiğinde kan hücrelerin yenilenir, kalp krizi riskin azalır.

Karaciğer, akciğer, kalınbağırsak gibi organlarda kanser riski düşer.

Kan vermek kolesterol, trigliserid, şeker ve üre, kreatinin, ürik asit gibi metabolik düzeylerin normalleşmesine olumlu etki eder. Böylece metabolik hastalıkların da kontrol altında tutulmasına yardımcı olur.

Kan bağışıyla bir başka insanın hayatını kurtarma fikri kişiyi psikolojik ve fiziksel açıdan rahatlatır.

Ağır rahatsızlıklarda, kazalarda hasta yakınlarının en büyük sıkıntısı sevdikleri için kan ihtiyacını karşılayabilmektir. Bunca insanın olduğu dünyada bu insanların çaresiz kalmaması için düzenli kan bağışı yapmak insanlık borcumuzdur.

İyiliğin Bilim Hali 98. madde

Yaptım!

Nasıl hissettin?

43. Kendini Sula Çiçek Aç

Her saat başı küçük bir bardak su iç.

Su, sağlık açısından en değerli elementtir. Bedenimizin yüzde 65-70'i sudan oluşur. Yaşamsal önemi çok büyüktür ve olmazsa olmaz bir gerekliliktir.

Günlük içilen su miktarı yeterli olduğunda, özellikle beyin ve böbrekler başta olmak üzere bedenin her organı, fonksiyonunu daha sağlıklı şekilde yerine getirir. Böylece daha sağlıklı ve huzurlu olmak mümkün...

Su içmek tazelenmeyi sağlar ve zindeleştirir. Zihni rahatlatır. Yeterince su içmek metabolizmayı destekleyerek kilo kontrolüne yardımcı olur. Egzersiz yaparken su içmek, ter atılarak kaybedilen suyu ve elektrolitleri yerine koyabilmeyi sağlar.

Su içmek, toksinlerin atılmasında da etkilidir. Sindirimi kolaylaştırır, bağırsak hareketlerini düzenler. Yeterince su içildiğinde beyin daha sağlıklı çalışır.

Susuzluk baş ağrısı yapar.

Su içtiğimizde böbreklerimiz daha iyi çalışır, eklemlerimiz ve kıkırdaklarımız daha sağlıklı şekilde fonksiyonlarını yerine getirir. Yeterince su içmek zindeleştirir, tazeler, konsantrasyonu artırır.

Nasıl hissettin?

Yaptım!

44. Şuraya Mutlu Bir Çam Ağacı Çizelim

Kendine renkli boya kalemleri al ve hayallerini çizmeye başla.

Resim çizmek, terapidir. Çünkü hem baskılanmış hislerin ve fikirlerin ifade bulmasına fırsat verir hem de an'da kalmayı sağlayarak zihindeki gürültülerin sesini kısar.

Düşünce cehenneminden kurtulmanın en eğlenceli yollarından biridir. Sanatın her dalının iyileştirici, terapi edici bir gücü vardır.

Duygularını sanatıyla ifade eden, baskıladığı hisleri sanatına aktaran ve zihnini sanatıyla susturanlar, yaşamın ustası olurlar.

Çocukların resim yapmayı neden çok sevdiklerini düşün. Kendilerini küçücük kelime dağarcıklarıyla yetişkinlere ifade edememeleri, hayal dünyalarını kimseye anlatamamaları, cümle kurma becerilerinin soyut konuları açıklamaya yetmemesi, zengin hayal dünyalarının ve hislerinin karşılık bulmaması yüzünden kendilerini en çok resim çizerek anlatırlar.

Sen de renkli boya kalemlerini al ve mükemmel olmaya çalışmadan hatta bir nesne ya da durum çizme çabasına bile girmeden beyaz kâğıtla buluş ve baskıladığın her şeyin ifade bulmasına fırsat ver. Zihnin sustukça, kalbinin sesi yükselecektir.

Yaptım!

Nasıl hissettin?

45. Ben Ne Diyorum, Bedenim Ne Diyor?

Konuşurken karşındakinin gözlerine bak.
Yüzün ve bedenin, sözcüklerinden daha çok şey anlatır.

Duyguları yansıtmanın en kolay yolu göz temasıdır. Dürüst, açık, samimi ve ikna edici olmanın en etkili yolu göz temasıdır. Güven, gözlerle kurulan temasla birlikte oluşmaya başlar ya da oluşmaz.

Göz temasında denge çok değerli...

Normal şartlarda uzun süreli göz temasında bulunmak tehdit ya da saldırganlık hissi verir. Bu yüzden uzun süreli kesintisiz göz kontağı kurmak yerine sık ve kısa bakışmaları tercih etmek doğru olur.

Yüz ifaden, ses tonun ve beden dilin sözcüklerinden daha fazla şey anlatır.

Karşındakinin gözlerinin içine bak, onu gördüğünü ve anladığını hissettir.

Beden dilinin doğru kullanılması çok önemli. Dilin "Evet!" derken başını "Hayır!" der gibi sallamak, kafa karışıklığından başka bir sonuç vermez.

Bedeninin konuştuğun kişiye dönük olması, iletişime açık olduğunun göstergesidir.

Nasıl hissettin? **Yaptım!**

46. Çekirdek Çöp Değildir!

Yediğin meyvelerin çekirdeklerini biriktir,
uygun şekilde hazırladıktan sonra toprağa ek.

Yapılan çalışmalarda doğaya başıboş bırakılan çekirdeklerin en az yarısının ağaç ya da bitki olduğu kanıtlanmıştır. Çekirdek ekmek konusunda internette bilgilendirici videolar bulabilirsin.

Uzmanlar her on yılda bir yeryüzünün aldığı yağmur miktarının arttığını belirtmektedir. Bu nedenle çöpe hapsettiğin meyve çekirdeklerini (kiraz, kayısı, karpuz, kavun vb.) mümkünse toprağın on santim altına göm ve sula. Gömme imkânın yoksa bir tarlaya ya da arsaya serp.

TÜİK araştırmalarına göre Türkiye meyve üretiminde kendine yeten bir ülke konumunda. Yıllık tüketilen meyve miktarı 90,5 kilogram olarak belirtiliyor. Toprağa ekilen çekirdekler sağlıklı birer meyve ağacı haline dönüşmeseler de toprağı besleyecekler ve yeşilleneceklerdir.

"Bir tohumun umudunu taşırsak, dünyayı değiştirebiliriz."

İyiliğin Bilim Hali 53. madde

Yaptım!

Nasıl hissettin

47. Bir Elin Nesi, İki Elin Sesi, Doğru Ekibin Senfonisi Var

İşler birlikte kolaylaşır.

Tek başına bir işi yapmaktansa ekibin gücüyle yola çıkmak her zaman daha etkilidir. Ekip çalışmalarının faydaları da avantajları da çok...

Farklı zihinlerin aynı soruna farklı açılardan odaklanması işi hızlandırır, verimliliği artırır. Bu yüzden güçlü bir ekip kurmak çok değerli...

Ekip ruhu ne kadar güçlüyse, işin verimi de o denli yüksek olacaktır.

İyi ilişkiler kuran, birbirlerinin bilgi birikimlerini ve potansiyellerini tanıyan kişilerin oluşturduğu bir ekip işleri çözmek konusunda harikalar yaratabilir. Yeni projeler, iyi ekiplerin işi...

İyiliğin Bilim Hali 110. madde

Nasıl hissettin?

Yaptım!

48. Rüya Defteri Tut

Başucuna bir rüya günlüğü koy ve uyanır uyanmaz gördüğün rüyayı not et. Rüyanı hatırlamıyorsan uyandığın andaki hislerine odaklan.

Rüyalar, yüzyıllar boyunca pek çok araştırmacının ilgisini çekmiştir. Konuyla ilgili pek çok çalışma yapılmasına rağmen rüyaların arkasındaki sır bilim çevrelerince net olarak açıklanamamıştır.

Rüyalar ruhumuzun bize hediyesidir. İnsanoğlunun ruhani boyutla olan bağlantısı rüyalar aracılığıyla gerçekleşir. Rüyalar gün içinde yaşamaya izin vermediğin, bastırdığın duyguların açığa çıktığı, bedeninde ve ruhunda yük olarak taşımaktan özgürleştiğin bir yolculuktur. Her insan rüya görür, fakat hatırlamayabilir.

Hatırladığın rüyaları yazmak, kendini tanımak adına yürüdüğün yolda bilinçaltının sesini dinlemek üzere sana rehberlik eder. Yaşamındaki olaylarla ilişkini fark etmeni mümkün kılar.

Rüyalarımız evrenin bize söylemek istediği mesajları içerir.

Zihinsel rüyalar, günlük hayatımıza, eğitici rüyalar kişisel gelişimimize, mesajcı rüyalar da ileriye dönük olasılıklardan haberdar olmaya yardımcı olurlar.

Rüyanda gördüklerinden ziyade uyandığın andaki hissine odaklan. Sana rehberlik edecek olan hislerindir.

Yaptım!

Nasıl hissettin?

49. Çocukları Sevindir

Bu hafta sonu çocukları sevindirmek için küçük bir plan yap. Unutma ki bir çocuğun hayaline ışık olmak, büyük bir karanlığı aydınlatmaktır.

Sadece bir çocuğun hayatına yapacağın içten ve işlevsel küçücük bir dokunuş onun ileride topluma faydalı bir birey olarak yetişmesine destek olabilir. Bir çocuğa sadece ihtiyacı olan sevgiyi ve ilgiyi göstererek hem onun geleceğine hem de dünyanın geleceğine olumlu bir katkı sağlamak mümkün.

Hayır, büyük organizasyonlar tasarlamana gerek yok. Kendine bir kardeş seçebilir, onun kitap rehberi olabilir, kitaplarını paylaşabilir, ödevlerine yardım edebilir, oyunlarına ortak olabilir ya da sadece başını okşayarak bile onu kurduğu gelecek hayaline motive edebilirsin.

İyiliğin Bilim Hali 3. madde

Nasıl hissettin? **Yaptım!**

50. Adım Adım Sağlık

Bugün bir öğünden sonra en az 100 adım at.

Bugün bir öğünden sonra yürüyüş yap ve adımlarını say.

En az 100 adım atmaya çalış.

Yapılan araştırmalara göre öğün sonrası kısa yürüyüşler yapmak, sindirim sisteminin çalışmasını desteklediği gibi, kan şekeri dengesinin düzenlenmesini de sağlıyor.

Yemekten sonra hızla yükselen kan şekeri, yürürken kasların da şekeri aktif bir şekilde kullanmaya başlamasıyla etkili bir şekilde dengeleniyor ve diyabet riskini azaltıyor.

Yürüyüş yapmak, ayrıca bağışıklık sistemini güçlendirir. Hızlanan metabolizma ve kan akımıyla birlikte bağışıklıktan sorumlu hücreler vücuda dağılarak iltihabi durumları kolayca baskılar.

Güçlü bir bağışıklık sistemi vücudun virüs ve bakterilerle daha kolay savaşmasını sağlar. Böylece hastalığa yakalanma riski azalır ve vücuttaki kronik gezici ağrılar hafifler.

İyiliğin Bilim Hali 62. madde

Yaptım! Nasıl hissettin?

51. Çizgi Film Kahramanı

Çocukken en sevdiğin çizgi film hangisiydi?
Bugün yeniden izlemek istemez misin?

Çizgi filmlerde kahramanlar her zorluğun üstesinden kolaylıkla ve ustalıkla gelirler. Problem çözme yetenekleri oldukça yüksektir. Üstelik bunu yaparken çok da eğlenirler.

Bu yüzden çizgi film izlemek hem keyiflidir hem de motive edici, ilham vericidir.

Çizgi filmin kahramanı, her olumsuzluğun üstesinden gelir. Bütün sorunları tek tek çözer. Hayat her şeye rağmen yolunu bulur. Ayrıca çizgi filmler didaktik oldukları için hisleri, düşünceleri ve içdünyayı da yalın, sade ve naif bir üslupla ifade eder. Çizgi filmler, en karmaşık konuyu bile yalın ve anlaşılır anlatabilme güçleri sayesinde çok etkileyicidirler...

İlle de canın sıkkın olduğunda değil, bulduğun her fırsatta çocukken en sevdiğin çizgi filmi izle. Hatta vizyondaki animasyon filmlerini de kaçırma. Kahramanların sana yardım eli uzatmalarına ve ilham olmalarına izin ver.

Unutma:

Çocukken onlarla işbirliği içindeydin ve nelerin üstesinden gelmeyi başardın.

Nasıl hissettin?

Yaptım!

52. Çekici Özgüven

Çekici ve güvenilir görünmek için
ayna karşısında uzun saatler geçirmene gerek yok.
Sadece özgüvenini takın, kâfi...

Özgüven, kendin ve yeteneklerin hakkında daha olumlu ve gerçekçi bir anlayışa sahip olduğunun göstergesidir.

Özgüven çok çekici bir nitelik...

Bu konuda kendine emek verebilirsin.

Bütün çocuklar özgüvenli doğarlar ama zaman içinde birtakım paternlerle baskılanarak potansiyellerine yabancılaşırlar.

Bu yüzden özgüveni olmayan insan yoktur, özgüvenini yitirmiş insan vardır.

O halde geri kazanmak mümkündür.

Pusulayı kendine çevir ve bir gönül yolculuğuna başla.

Yitirdiğin özgüvenini, geri kazan.

Bunun için sana yol gösterecek kitaplar oku.

"Artık diğer yarını aramayı bırakabilirsin,
çünkü sen yarım değilsin..."

İyiliğin Bilim Hali 194. madde

Yaptım! **Nasıl hissettin?**

53. Zihnine Ampul Yak, Cebindeki Yangın Sönsün

Ekolojik aydınlatma seçeneklerini tercih et.

Rezistanslı ampuller, floresan ve LED ampullerden daha fazla enerji tüketir. Bugün enerji tasarruflu aydınlatma konusunda pek çok seçeneğin var. Geleneksel akkor ampullerden enerji tasarrufu yapan aydınlatmalara geçmek hem enerji tasarrufu sağlayacak hem de uzun vadeli olarak bütçene yardımcı olacaktır. Zamanlayıcılarla aydınlatma ya da elektronik eşyalarını kapatarak elektrik tasarrufuna katkıda bulunabilirsin. Ayrıca kesene de faydan dokunmuş olur.

Tasarruflu LED lambalar A+ ve A++ enerji sınıfına sahip olup, klasik ampul ve floresanlara göre çok daha az enerji tüketir. Bu ampulleri kullanarak aylık elektrik faturanda yüzde 30 tasarruf sağlayabilirsin.

Nasıl hissettin?

Yaptım!

54. Gözlere Mola

20-20-20 kuralıyla her 20 dakikada bir,
20 saniye süreyle, bilgisayar ekranından 20 adım uzaklaş.

Bilgisayar başından ayrılamayanlar bu araştırmaya hemen bir göz atsın.

Küçük aralıklarla göz merkezini dinlendirmek çalışma kapasiteni artırıp daha az hatayla işlerini tamamlamanı sağlıyor.

Gözlerini dinlendirmeden çalışmak birtakım sıkıntıları da beraberinde getiriyor. Zamanla şiddetlenen baş ve göz ağrıları, ışığa karşı hassasiyet, göz kuruluğu ve aniden gelişen göz yanmaları gibi bir dolu şikâyetler oluşabiliyor.

Ekranda bir yazıya ya da projeye uzun süre kesintisiz bakmak, görüntülerin farklı algılanmasına neden oluyor.

Bu yanlış algı yüzünden değer verdiğin işinde hata yapma riskin artıyor. Her şeye en başından başlamana bile sebep olabilir. Başa dönmek yerine kısa süreli göz dinlendirmeleri yapmayı tercih etmek daha mantıklı gibi görünüyor değil mi?

Araştırmalara göre sadece 2 saat bilgisayar başında aralıksız çalışmak, gözlerin yorulması için yeterli bir süre...

Yaptım!

Nasıl hissettin

55. Yüklerden Kurtulma Zamanı

Sana hizmet etmeyen her şeyi hayatından çıkar.

Her şey enerjidir. Tüm yaşam, farklı titreşimlerdeki enerjilerin bir araya gelmesi ile oluşur. Benzer enerjiler birbirini çeker.

Yaşamda uyumu sağlamak, birbirine benzer ve uyumlu enerjileri bir araya getirmekle mümkündür. Zihnen, bedenen ve ruhen temiz enerjileri deneyimlemek her zaman bütünsel ahenk ve dengeyi sağlar.

İşine yaramayan, seni mutlu etmeyen, aşağıya çeken enerji kaynaklarını yaşamının her alanından çıkarmak sana sadeleşmeyi getirir. Sadeleşmek, hayatına huzuru ve düzeni getireceği gibi seni gereksiz yüklerinden arındırır. Pek çok kadim bilgelikte sadeleşmenin öze olan olan yolculuktaki önemi vurgulanır.

Dağınık insanların çoğu ortalığı toparlamaya halinin olmadığını söyler. Kendilerini sürekli yorgun hissederler. Oysa yorgunluğun nedeni dağınıklığın çevresindeki durağanlaşmış enerjisidir.

Nasıl hissettin?

Yaptım!

56. Komşunu Tanı

Günümüz şehir yaşantısında, komşuluk ilişkileri giderek zayıflıyor. Artık komşularımızı tanımıyoruz, iletişim kurmaktan çekiniyoruz. Bugün, komşunu tanımak için harekete geç. Onunla iletişim kur, birlikte kaliteli zaman geçir, plan yap.

Komşuluk; evimizi bizden başka sahiplenecek bir başka göz, ihtiyacımız olduğunda iyi bir arkadaş, seyahate gittiğimizde gözümüzün arkada kalmaması, bazen bir fincan çay, bazen bir kap yemek demektir.

Yapılan araştırmalar, iyi komşuluk ilişkileri kuran insanların huzur içinde yaşadığını, yardımlaşma ve dayanışma duygularının geliştiğini göstermektedir.

İnsanlar yaşamak için mutlaka başka bir canlıya ihtiyaç duyar. Komşularımız ailemiz ve akrabalarımızın ardından toplumsal hayattaki en yakınlarımızdır.

Komşuyla ilişki, toplumla kurulan ilişkinin çekirdeğidir. Kendine şu soruyu sor lütfen:

Ben iyi bir komşu muyum?

Ne verirsen onu alırsın, bunu sakın unutma.

İyi bir komşu olmaya çalış.

Yaptım!

Nasıl hissetti

57. Güne Tacını Takarak Başla, Kahvaltını Kral Gibi Yap

Güne sağlıklı ve taze gıdalardan oluşan dengeli ve besleyici bir kahvaltı yaparak başla.

Kahvaltı öğünlerin kralıdır. Kahvaltı öğününe gereken saygıyı ve önemi göster!

Eğer sağlıklı bir kahvaltıyla güne başlarsan, günün geri kalanı için iyi bir hazırlık yapmış olursun; gün için yeterli düzeyde enerjin olur ve yapman gereken her işi daha verimli bir şekilde yerine getirirsin, üstelik günün diğer öğünlerini de dengeli yiyerek beden sağlığına olumlu katkıda bulunursun.

İyi bir kahvaltının sırrı çeşitli ve besleyici taze gıdalardan dengeli şekilde yemek ve her gün aynı şeyi yememektir.

Tam tahıllı gıdalardan, taze sebze ve meyvelerle günlük protein ihtiyacını karşılayan yumurta gibi kaliteli proteinlerden oluşan bir kahvaltı yaşama her zaman avantaj kazandırır.

Nasıl hissettin?

Yaptım!

58. Başka Bir Dünya Mümkün!

Bugün, bir iyilik yap.
Kalbine yakın hissettiğin bir sosyal sorumluluk projesi için gönüllü ol.
İyilik hareketine katıl.
Dünyayı değiştirmek için ilk adımını at.

Dünyada ilgine ve sevgine ihtiyacı olan pek çok canlı var. Bugün yardımına ihtiyacı olan birinin elinden tutmak, ona güç ve motivasyon olmak için harekete geç.

Unutma ki:

Başkasını iyileştirirken kendini de iyileştirirsin.

Birine yardım etmek, kendine de yardım etmektir.

Johns Hopkins Üniversitesi'nde yapılan bir araştırmaya göre gönüllü olmak ve iyilik adına hizmete adanmak depresyonu hızla iyileştiriyor ve zihni olumsuz duygulardan hızla temizliyor. Ayrıca iyi bir amaca hizmet etmek yaşama karşı duyulan bağlılığı artırıyor, fiziksel ve zihinsel açıdan zindeleştiriyor, aktifleştiriyor, tatmin ve takdir duygularını besliyor.

Bu araştırmanın adı ne biliyor musun?

Mutluluk etkisi!

İyilik bulaşıcıdır, hızla senden başkalarına da bulaşarak yayılır. Bugün bir iyilik yap, kendini daha iyi hisset!

Yaptım!

Nasıl hissetti

59. Nezaket Güçtür

Nazik olmak sana ne kazandırır hiç düşündün mü?
Bugün kendin için bir şey yap ve nazik olmayı dene.
Hayatı kimin zorlaştırdığını gör...

Hayat berbat! İnsanlar çok kaba! Kimse kimseyi dinlemiyor! Herkes öfkeli! Sokaklar boks ringi! Daha neler neler...

Yakınışlar listesini uzatmak mümkün.

Şikâyet etmek işin kolay kısmı olduğundan genel olarak şikâyete daha çok meyledildiğini söylemek yanlış olmaz.

Şikâyetler sürüp gitmeye yatkındır. Çünkü verdiğini almaya devam edersin. Yani hayat sana her zaman ektiğini biçtirir.

Şikâyet tohumları eken birinin, nezaket bahçesi olmaz.

İstediğin şeyi başkasına vermeyi dene ve bugün sen nazik davran.

Daha güler yüzlü, daha zarif, daha anlayışlı, daha makul, daha affedici, daha toleranslı ol.

"Teşekkür ederim" de. "Rica ederim" de. "Elbette" de. "Neden olmasın?" de. "Hayhay" de...

Birine yer göster, sıranı ver, önden geçmesine izin ver ve gülümse...

Bak bakalım hayatı kim zorlaştırıyormuş?

İyiliğin Bilim Hali 13. madde

Nasıl hissettin?

Yaptım!

60. Mandallar İşbaşına

Kurutmalı çamaşır makineleri fazla enerji tüketir. Çamaşırlarını kurutmak için makine kullanmak yerine onları asarak kurutmayı tercih et.

Türkiye'de enerji üretimi yılda yüzde 4-5 artarken elektrik tüketimi buna karşılık yüzde 7-8 artıyor. Bu artış dünya ortalamasının yaklaşık iki katı...

Evlerde sağlanacak yüzde 10 enerji tasarrufuyla ülke ekonomisine 132 milyon dolar kazandırmak mümkün.

Güneş, tükenmeyen bir enerji kaynağıdır. Temiz bir enerji türü olup, çevreyi kirletici hiçbir özelliği de yoktur. Hem güneş hem de rüzgâr enerjisinden yararlanarak çamaşırlarının yıpranmadan kurumasını sağlayabilirsin.

Kurutma makinesiyle kısa zamanda yüksek ısılarda kurutma işlemi yapmak kıyafetin de ömrünü kısaltıyor. Böylelikle uzun vadede tüketimi artırıp bütçene de zarar veriyor.

Hem rengârenk mandallar ne kadar da eğlenceli!

61. Kıssadan Hisse

Telefon görüşmelerini kısa tut.
Amaca uygun kısa konuşmalar yap.

Tam bir konuya odaklanmış harıl harıl çalışıyorken, cümlelerin su gibi akıyor, düşüncelerin yeni düşünceler doğuruyorken, çözüm üzerine çözüm üretiyorken "Zır!" diye bir ses...

Telefonun çalıyor.

Bütün performansın bir telefon görüşmesiyle bölünüyor, konsantrasyonun bozuluyor, sistem yıkılıyor.

Telefondaki kişi konu ne olursa olsun "Dünya aslında bir toz bulutuydu" kısmından başlayarak derdini anlatmaya dalmışsa da gel gör ki sende artık ne yaratıcılık kaldı ne de verimlilik.

Her şey bir anda uçtu ve gitti.

Telefon görüşmelerin konusunda daha bilinçli davranabilirsin. Görüşmelerini kısa tutabilirsin. Telefonla konuşurken kulaklık kullanmıyorsan uzun süren konuşmalardan sonra boynun bükük kalması da normal...

Kulaklık takmak bile işi kolaylaştırmıyor. Amacını net olarak belirttiğin kısa süreli telefon konuşmaları hem sağlığın açısından önemli hem de zaman tasarrufu yapmanı sağlar. Böylece işyerinde verimliliğin de artar.

Nasıl hissettin?

Yaptım!

62. Sevgili Günlük

Kendine güzel bir defter al.
Günün istediğin bir zamanında günlüğüne aklından geçenleri yaz.
Hislerini özgürce defterinle paylaş.

Yaşam her yönüyle bir bütündür, günlük yaşamda deneyimlediğimiz olaylar, bizi gün içerisinde değişik duygu durumlarına sokarak bedensel ve zihinsel olarak kimyamızı değiştirir. Yaşamı deneyimlerken farkındalığımızı artırabilmek, olumlu ya da olumsuz herhangi bir olaya verdiğimiz tepkiyi objektif bir şekilde değerlendirebilmek anında mümkün olamayabilir.

Oysa günlük tutma alışkanlığı olaylara geri dönüp baktığında duygusunu daha sağlıklı bir şekilde değerlendirip sağaltabilmeni, bu olayı neden yaşadığını görebilmeni ve gelecekte benzer durumlar yaşadığında vereceğin tepkiyi değiştirmeni ya da dengelemeni sağlayabilir.

Duygularını konuşarak ifade etmekte zorlandığın halde yazarak daha derinleşebilir, ruhuna yük olan duyguları yazıyla kolaylıkla aktarabilirsin. Bu ruhunun hafiflemesini sağlayacaktır.

İyiliğin Bilim Hali
33. madde

Yaptım!

Nasıl hissettin

63. Eğitime Katkıda Bulun

Bütçene göre eğitim için çalışan yardım kuruluşlarına bağışta bulun. Burs veren kuruluşlarla iletişime geç ve burs vermenin yollarını araştır.

Eğitim, bireyin kafasını gerçeklerle ve bilgiyle doldurmak demek değildir. Kelimenin kökeni (latineducare) incelendiğinde bir kişinin gerçek potansiyelinin ortaya çıkarılması anlamına geldiği görülür.

Günümüzde yapılan araştırmalara göre dünyanın en iyi eğitim sistemine sahip olan ülkelerin eğitim sistemleri çabayı, doğuştan gelen zekâya üstün tutmaktadırlar.

Gerçek potansiyeli ortaya çıkarılmış bireyler aile ilişkilerinde, çalışma hayatlarında, sosyal yaşamlarında mutlu ve başarılı kişiler oluyorlar. Bu şekilde yetiştirilen bireyler ayrıca kendine güvenen yeni nesillerin kazanılması için de başrol üstlenmektedirler.

Eğitimde eşitsizlik ülkemizde çok büyük bir problem olmakla birlikte, burs vermek, eğitim için küçük büyük bir bağışta bulunmak yaşanabilir bir ülke ve dünya için çok önemli...

TOG'a (Toplum Gönüllüleri Vakfı) destek verebilir hatta gönüllü öğretmen olabilirsin. Bu kitabı alarak zaten bu vakfa maddi destek sağladın. Şimdi emeğinle destek olma zamanı...

Nasıl hissettin?

Yaptım!

64. Laf Salatası Değil, Meyve Salatası Yap

Meyve kâseni rengârenk taze mevsim meyveleriyle doldur.
Eğer bir meyve kâsen yoksa hemen edin!

Mevsiminde yenen taze meyveler, lezzetli ve doğal enerji kaynağı olmalarının yanı sıra içerdikleri vitamin ve mineraller açısından oldukça besleyicidir.

Sağlıklı bir bedenin ihtiyacı olan pek çok vitamini ve minerali doğal içerikleri sayesinde bize sunan meyveler, tüm metabolizmanın sağlıklı çalışmasına katkı sağlar. İçerdikleri yoğun lifle sindirim sisteminin çalışmasını da kolaylaştırırlar. Meyveler, kısa yoldan en sağlıklı şekilde enerji sağlayan hazinelerdir.

Meyveler aynı zamanda kalp hastalıkları, diyabet, kanser gibi hastalıkların önlenmesinde etkin rol oynayan savunma mekanizmalarının da en kuvvetli destekçileridir. Meyve tüketmek, cilde ve gözlere iyi gelir, saçlara parlaklık ve güç verir.

Ayrıca, rengârenk taze meyvelerle dolu bir sepet, doyurucu olduğu kadar görsel olarak da tatmin edicidir. Rengârenk meyveler, açlığını bastırdığı gibi ruhunu da doyurarak seni neşelendirir.

Yaptım!

Nasıl hissettin?

65. Güneşi Karşıla

En son ne zaman güneşin doğuşunu izledin?
Sabah erken uyan, pencereni aç
ve güneşin doğuşunu izle.

Yeryüzündeki her canlı organizma, güneşin sihirli ışığını hisseder hissetmez uyanır ve güne hazırlanmaya başlar.

İnsan bedeni de, güneşin doğuşuyla ve batışıyla uyumlu bir biyoritme sahiptir. Vücudumuzun canlılık ve hareketlilikle ilgili pek çok sistemi güneşin doğuşuyla birlikte fonksiyonlarını artırır. Yaşamsal işlevler hız kazanır.

Güneşin doğuşuyla insan metabolizması canlanır, nefesle birlikte kalp ritmi de yükselir.

Güneşin doğuşunu izlerken doğanın da uyanışını hisset.

Her zerrenin sistemin ayrılmaz bir parçası olduğunu anla...

Nasıl hissettin?

Yaptım!

66. Hayır Sen Değil "Ben"

Ne olursa olsun "Sen yaptın" demek yerine "Ben hissettim" de.

"Ben" diliyle konuşmak yani "Sen" yerine "Ben" ile başlayan cümleler kurmak, karşındakini savunmaya geçmek zorunda bırakmaz. Tartışmaların önü kesilir. İletişimin verimi artar ve başarılı bir konuşma gerçekleştirilir.

"Ben" diliyle konuşmak iletişimde duygu ve düşüncelerin ifade bulmasını sağlar. Çatışmadan uzak, anlaşılabilir iletişimin anahtarıdır.

Suçlarcasına karşındakini konuşmanın hedefine koymak yerine zekice bir hareketle merkeze kendini aldığında işin rengi değişir.

"Sen" dilinde yargılama ve suçlama vardır. Bu yüzden algıda saldırganlık düşüncesi oluşturur.

Ben dilinde kişiselleştirme yoktur, sadece durum ifade edilir. Bu yüzden daha yapıcıdır. Tarafları birbirine yakınlaştırır. Sorunlar kısa sürede kolayca çözülür. İletişim devamlılığı ve işbirliği sağlanabilir.

"Sen çok kırıcısın" demek yerine "Ben kırıldım" de.

"Sen yanlış konuştun" demek yerine "Ben yanlış anladım" de.

Sonrasında sorunu birlikte çözmeyi teklif et.

Emin ol işbirliği yapmak isteyecektir.

İyiliğin Bilim Hali 43. madde

Yaptım!

Nasıl hissettin?

67. Cimri Musluk Zamanı

Dişlerini fırçalarken ya da tıraş olurken musluğu kapat. Saçını ve vücudunu şampuanlarken de suyu verimli kullandığından emin ol.

Tıraş olurken bir kaba su koyabilir, böylece su tasarrufu yapabilirsin. Dişlerini fırçalarken de musluğu kapatmak çok basit bir adım.

Açık bırakılan musluklar, tıraş ya da diş fırçalama süresi boyunca ortalama 15-20 litre suyun boşa harcanmasına sebep oluyor. Bu da demek oluyor ki yılda kişi başı ortalama 12 ton su ziyan oluyor.

4 kişilik bir ailede bu rakam ortalama 48 tonu buluyor. Ne acı değil mi?

5 dakikalık bir duşla ortalama 60 litre su harcıyorsun. 4 kişilik bir ailenin her bireyi duş süresini sadece bir dakika azalttığında yaklaşık 18 ton su kurtarılıyor.

Bu durumda kişisel hijyeninden ödün vermene de gerek yok. Sadece biraz farkında olman bile tüketimi önemli oranda azaltacaktır.

Nasıl hissettin?

Yaptım!

68. Yeterince Aydınlık

Çalışma ortamında ideal ışık seviyesini ayarla.

Amerikan İç Mimarlık Derneği tarafından yapılan bir araştırmaya göre, çalışanların yüzde 68'i ofislerindeki ışıklandırma sisteminden şikâyetçi...

Ofis aydınlatmalarının fazla loş veya fazla sert ışıklı olması doğru değil...

Aydınlatmaların yaz günlerinde ve kapalı kış günlerinde farklı ayarlarda çalışıyor olması gerekir.

Kış günlerinde sadece 3 bin lüks aydınlatma değerine sahip bir ofis ortamında bu değer yaz günlerinde 100 bin lükse ulaşır. Dolayısıyla oranlar farklılık gösterir.

Gözünü yormayacak bir aydınlatma sistemi için harekete geç. Ayrıca aşırı ışıklandırmanın işletme bütçesini de olumsuz yönde etkileyeceği bir gerçek. Her enerjinin kaynağının doğadan geldiğini unutmayalım.

Yaptım!

Nasıl hissettin?

69. An'ı Yaşa

İstediğin an eski seni terk edebilir, yeni bir senle tanışabilirsin.
Bunu nasıl mı yapacaksın?
Tabii ki an'da kalarak...

Yaşam, deneyimlediğimiz an'lardan oluşur. Geçmişteki an değiştirilemez, gelecekse henüz yaratılmadı. Elinde sadece şu "an" var.

Eski bir Zen öğretisi "Geçmiş ve geleceğin arasındaki sınırdan kurtul" der. Sınırlar ancak an'da yok olur.

Beyin beta beyin dalgasındayken geçmişi ve geleceği sorgular. Alfa beyin dalgasındaki bir zihin an'a odaklanır ve an'daki hissin keyfini yaşar.

Her ne yapıyorsan tamamen yaptığın şeyin içinde ol. Yapacağın çocukça bir aktivite an'da kalmayı kolaylaştıracaktır.

Çocukken yapmayı çok sevdiğin bir aksiyonu düşün ve kaç yaşında olursan ol bugün o aksiyonu hayata geçir. Kapıların zillerine basabilir, şarkı söyleyerek yürüyebilir, yağmurda şemsiyesiz dışarı çıkabilir, içinden geldiği gibi dans edebilirsin.

Yaptığın şeyin içinde ol.

An'ı fark et.

Nasıl hissettin?

Yaptım!

70. Bana Bir Harf Öğret

Bilgi evrenseldir, bilgi birikimlerini başkalarına aktardıkça zenginleşirsin. Bugün biriyle bilgini paylaş. Okuma yazma bilmeyen birine alfabeyi öğreterek işe başlayabilirsin mesela.

Hepimiz bir şey öğretebiliriz. Bazen küçük şeyler büyük değişimler yaratabilir.

Olimpiyat altın madalyası sahibi, profesyonel beyzbol oyuncusu ve bestseller yazarı Jim Abbott, hayatındaki en büyük ilham kaynağının kendisine ayakkabı bağlamayı öğreten üçüncü sınıf öğretmeni olduğunu söyler.

İyiliğin Bilim Hali 126. madde

Yaptım!

Nasıl hissettin?

71. Çiğnemeden Yutma, Kiloları Tutma

Yemeğe başladığında ağzına attığın ilk lokmayı kaç kez çiğnediğini say. Şimdi bu sayıya 10 ekle ve bir sonraki lokmayı hesapladığın yeni sayıya göre çiğne.

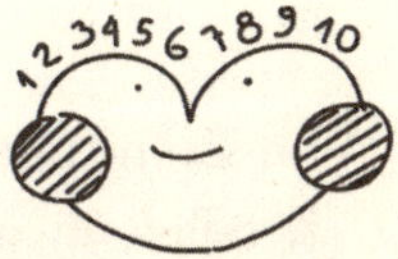

Günlük koşturmacalar içinde yemek yemeye ayırdığın süre oldukça kısa olabilir. Belki de çok zaman hızlıca bir şeyler atıştırmayı tercih ediyorsun.

Kısa süreler içinde ağza bir şeyler tıkıştırarak, bunları da çoğunlukla yeterince çiğnemeden yutmak beslenmek demek değildir.

Çok çiğnemenin sağlığa faydası büyüktür. Gıdaların boyutları küçüldükçe, sindirilmesi ve içerisindeki vitamin ve minerallerin emilimi kolaylaşır. Ayrıca, karbonhidratların sindirimi ağızda başlar. Çiğneme süresi ve miktarı arttıkça, gıdaların tükürük içerisindeki sindirim enzimleriyle karışması da kolaylaşır. Böylece sindirim de kolaylaşmış olur, mide gıdaları parçalamak ve ezmek için daha az yorulur. Ayrıca gıdaların ağızda iyice çiğnenmesi, gıdaları yumuşatır ve yutulmasını kolaylaştırır.

Nasıl hissettin?

Yaptım!

72. Selam Ben!

Kendinle iletişime geç
Ve şöyle söyle:
Selam sevgili ben!
Bugün nasılsın?

En son ne zaman kendinle konuştun?

Kendinle en son ne zaman baş başa kaldın?

Hayatla kurduğun en değerli ilişki kendinle olan ilişkindir. Kendinle olan ilişkin, başkalarıyla olan ilişkilerini de şekillendirir.

Kendinle kurduğun sağlıklı ve güvenilir bir ilişki, yaşamla ilgili her konuda sana yeni kapılar açar.

Kendinle ilgili herhangi bir konuda fazla eleştirel olmak, olumsuz bir zihin yapısı oluşturmak, etrafındakilerle de sağlıklı ilişkiler kurmana engel olur.

Etrafındakilerle ve yaşamla ilgili güzellikleri fark edemezsin. Bu yüzden önce kendine karşı şefkatli ol. Bu öz-değer duygusunu artırır ve kendini daha olumlu değerlendirmeni sağlar.

Kendine de, tıpkı sevdiklerine davrandığın gibi sevgi dolu, şefkatli ve empatik davran.

Kendinle barış.

Yaptım!

Nasıl hissettin?

73. Ben Ettim Sen Etme

Özür dilemek iyileşmektir.
Kırdığın ya da haksızlık ettiğin kim varsa düşün.
Sadece gönülden dilenmiş bir küçük özürle bile
iyilik tohumu ekmiş olursun.

Özür dilemek son derece iyileştirici bir yoldur.

İçtenlikle, gönülden ifade edilen özür, bedenin stres düzeyini azaltır, tansiyonu düşürür, kalp ritmini yavaşlatır, solunumu düzenler.

Duygusal olarak da rahatlatıcı ve tatmin edicidir. Çünkü birini kırmış olmanın ya da birine haksızlık etmiş olmanın yükü, içsel bir çatışmaya yol açar.

Özür dilemek, sadece iç huzuru, rahatlama ve stresten özgürleşme de değildir, aynı zamanda sağlam bir özgüvendir.

"Özür dilemek özgürleştirir."

İyiliğin Bilim Hali 142. madde

Nasıl hissettin?

Yaptım!

74. Sifon Çöp Değildir!

Gereksiz yere sifon çekme.
Tuvaleti çöp olarak kullanma.

Dört kişilik bir ailenin her bir ferdi, günde bir kez sifonu amacı dışında çektiğinde yılda 16 ton su boşa harcanmış olur.

Haklısın yeryüzünün 3'te 2'si su... Ne var ki bunun sadece yüzde 0,3'ü içilebilir su...

Bu nedenle su kaynaklarının kullanımı konusunda hassas davranmak çok önemli... Yeni teknolojiler sayesinde sifonun daha az su tüketmesi mümkün... Bugün az su tüketen bir sifon bakabilirsin ya da amacı dışında sifon çekmeye son verebilirsin. Saç, peçete, kürdan, kül gibi çöpleri klozete atıp üzerine defalarca sifon çekmekten de vazgeçebilirsin mesela...

Sifonun her saniye damla damla bile su sızdırıyorsa onu tamir etmeyi unutma... Dünyanın öbür ucunda temiz su bulmakta zorlanan çocuklar varken bizim bu adımları atmamamız biraz düşüncesizce olur değil mi?

Yaptım!

Nasıl hissettin?

75. Taze Hava

Klimayı kapat, pencereyi aç ya da dışarı çık.
Var mı temiz hava gibisi?

Araştırmalar gösteriyor ki, klimalı ortamlarda uzun zaman geçirenler, sıklıkla kulak-burun-boğaz, solunum, kas ağrıları ve dermatolojik şikâyetlerle doktora gidiyorlar.

Klimaların bağışıklık sistemini zayıflatarak hastalıklara yakalanma riskini artırdığı da araştırmalar sayesinde tespit edilmiş.

Düzenli bakımı yapılmayan klimalardan ortama yayılan legionella mikrobu akciğerde enfeksiyonlara sebep olabiliyor.

Eğer imkânın varsa aç pencereleri ve derin bir nefes alarak temiz havayı içine çek.

Ayrıca gün ışığı sana tüm gün yetebilecek enerjiyi sağlayacaktır. Doğanın sana getirdiklerine güven. Çevreye ve enerji kaynaklarına en az zararla, kendine en yüksek faydayı sağlamayı başarabilirsin.

Dışarıdaki şehir havası her ne kadar ideal olmasa da "yaşayan hava" solumanın sağlığa olumlu etkisi büyük...

Nasıl hissettin?

Yaptım!

76. Kokular Sana Rehberlik Etsin

Yeni doğan bir bebeğin annesinin kokusuna bağlandığı gibi seni de hayata bağlayan bir koku bul, onu günün her anına taşı...

Kokular hisleri değiştirme gücüne sahiptir. Bir koku seni alıp eskilere götürebildiği gibi ruh halini de hızlıca değiştirebilir.

Ruhunu doyuran kokular sana içsel yolculuğunda rehberlik eden hatırlatıcılardır. Örneğin, lavanta kokusu sakinleştirirken, citrus esansı içeren kokular seni canlandıracaktır, enerjini artıracaktır. Vanilya kokusu saflığı ve sevgiyi hissettirirken, nar kokusu bereketi hatırlatacaktır.

Uçucu yağlar ve uçucu yağ taşıyan (aromatik) bitkilerle uygulanan masaj, kompres, inhalasyon ve banyo gibi aromaterapi yöntemleri, bedeni ve zihni aynı anda iyileştirdiği gibi, ruhu da besler.

Yaklaşık 6000 yıllık bir geçmişe sahip olan aromaterapinin ilk olarak mumya yapımında eski Mısır Uygarlığı'nda kullanıldığı bilinir. Tedavi ve güzellik amacıyla kullanımı Yunan medeniyetlerinde ortaya çıkar. Roma İmparatorluğu döneminde aromaterapi, banyo sonrası masaj teknikleriyle kullanım alanı bulmuştur.

Yaptım!

Nasıl hissettin?

77. Görme Engelliler İçin Kitap Seslendir

Görme engelli insanlar için gönüllü okuyucu olarak kitapların seslendirilmesine katkıda bulunabilirsin.
Gönüllü okuyucu olabilmek için gerekli bilgiyi internette araştır ve harekete geç.

Case Western Üniversitesi Tıp Fakültesi'nde Sınırsız Sevgi Araştırmaları Enstitüsü Başkanı araştırmacı Stephen Post'un yaptığı bir araştırmaya göre özellikle erken yaşlarda özverili olmak, yaşamsal tatminden farkındalığa, bedensel sağlıktan toplumsal birlikteliğe kadar çok yönlü bir gelişime katkı sağlıyor.

Gönüllü olarak iyilik hareketi yapan insanların daha tatminkâr bir yaşam sürdürdükleri ve daha uzun ömürlü oldukları kanıtlanmış. Ayrıca depresyon sıklığı oldukça az görülüyor, çabuk iyileşme gösteriyorlar.

Sesli okuma kişinin kendi fiziksel gelişimi için de faydalı bir aktivitedir. Sağ ve sol beynin etkileşimini sağlar ve normalde kullanılmayan yolakları harekete geçirir.

Dilersen Boğaziçi Üniversitesi Görme Engelliler Teknoloji ve Eğitim Laboratuvarı (GETEM) ile iletişime geçebilirsin.

Nasıl hissettin?

Yaptım!

78. Pişmiş Aşa Su Katılmaz

Yemek sırasında su ya da başka bir sıvı tüketme. Yemeğini yemeden yarım saat önce ya da yemekten iki saat sonra su içmeyi tercih et.

Yemek sırasında su ya da farklı türlerde içecekler içmek mideyi genişletir. Midenin gıdaları sindirmek için yaptığı peristaltik hareketleri düzensizleşir. Ayrıca yemeklerle birlikte su ya da içecek içmek, mide asidini seyrelttiği için hazmı zorlaştırır.

Yemekten yarım saat önce ya da iki saat sonra su ya da sıvı gıdalar tüketilebilir.

Günlük su ihtiyacını karşılamak için günün diğer zaman dilimlerini kullanabilirsin. Örneğin uyandıktan hemen sonra ve yatmadan hemen önce su içmek, sabahın erken saatlerinde bedenini güne hazırlarken ve gece uyurken tüm metabolik faaliyetlerin çalışırken ihtiyacın olan suyu yerine koymanı sağlar.

Yemek saatleri dışında su içmek, yemek sırasında su tüketme ihtiyacını dengeleyebilir. Böylece yeterince su içmiş ve bedeninin sağlıklı su dengesini korumuş olursun.

Yaptım!

Nasıl hissettin?

79. Sosyal Medya Detoksu

Bugün bir saat boyunca sosyal medyadan uzaklaş.

Uzmanlar, sosyal medya bağımlılığının giderek ciddi bir psikolojik sorun haline dönüştüğü konusunda hemfikirler.

Sosyal medyayı yoğun şekilde kullanmak, yalnızlık hissini yoğunlaştırıyor ve depresyona yol açabiliyor. Sosyal medyada gereğinden fazla zaman geçirmek, gün içindeki kaliteli zamanların ıskalanmasına neden oluyor, giderek kişiyi kendinden de uzaklaştırıyor.

Kendine yabancılaşan birey, öz sevgi ve özsaygısını da yitiriyor. Kendini sosyal medyada başkalarıyla kıyaslayarak özgüvenini de örseliyor. Bunun sonucunda depresyon semptomları gelişmeye başlıyor.

Sosyal medyayı gerektiğinden fazla ve uygun olmayan şekillerde kullanmak, aile ve arkadaşlardan uzaklaşmaya yol açıyor, sosyal ilişkileri zayıflatıyor ve yardım almayı engelliyor.

Bugün kendinle baş başa kalabileceğin ya da sevdiklerinle kaliteli vakit geçirebileceğin bir zaman dilimi yarat ve sosyal medya detoksu uygula.

Nasıl hissettin?

Yaptım!

80. Her İnsanın Doğası Farklıdır

Başka birinin eşsiz doğasını kabul et.

Israrcılık çoğu zaman antipatiktir. Israrcılıkla talepleri kabul ettirmek doğru bir yol değil. Kimse ısrara maruz kalmaktan hoşlanmaz.

Israr baskıdır ve her baskı önünde sonunda infilak eder.

Baskının karşılığı çok zaman tepkidir.

İstediğini elde etmek konusunda aceleci ve ısrarcı olmamaya özen göster.

Kimse üzerinde baskı kurmaya hakkın olmadığını hatırla.

Sadece kendi istediğine takılmayı bırakırsan herkesin doğasının sana sunacak bir güzelliği olduğunu göreceksin.

Farklılıklar en büyük zenginliktir ve en değerli ilham kaynağıdır.

"Bu dünyada görmek isteyenden daha kör hiç kimse yoktur."

İyiliğin Bilim Hali 199. madde

Yaptım!

Nasıl hissettin?

81. Tıklım Tıkış

Çamaşır makineni tamamen dolduğunda çalıştır. Ekonomik kullanımı alışkanlık haline getir. Çamaşırların çok kirli değilse ön yıkama yapmadan yıka. Böylece yılda 5 yıllık içme suyu ihtiyacın kadar su biriktirmiş olursun.

Son 100 yılda dünyada su tüketimi 10 kat artarken, kişi başına düşen su miktarı yarı yarıya azaldı.

2030 yılına kadar küresel su talebinde yüzde 55'lik artış yaşanması bekleniyor. 2030'da mevcut su kaynakları toplam su talebinin yalnızca yüzde 60'ını karşılayabilecek.

Çamaşır makinesini haftada bir kez tam dolduğunda kullanarak yılda 9 ton su tasarruf etmen mümkün.

Hem çamaşırlar kalabalık aile severler. Bırak birlikte yıkansınlar...

Nasıl hissettin?

Yaptım!

82. Sen Giderken Dönenler

İş hayatında ilham aldığın kişilerin videolarını izle. Haklarında yazılmış kitapları oku.

Hayatta çoğumuzun bir planı ve hedefi var öyle değil mi? Başarıya giden yolu keşfetmeye çalışıyoruz. Kendimizi gelişime açık tutmaya ve öğrenmeye odaklıyız.

Her yeni gelen gün seni hedefine bir adım daha mı yaklaştırıyor ya da her şey giderek uzaklaşıyor mu?

Senden önce başarıya ulaşmış kişileri gözlemlemek, geçtikleri yolları araştırmak başarıya ulaşmada seni hızlandırabilecek adımlardan biri olabilir...

Hedefinle ya da hayalinle ilgili her şeyi öğren, oku, konuş, dinle, araştır ve dene.

İlham aldığın zihinlerden çıkan çözümler sende de farklı farkındalıklar uyandırabilir. Yapılacak işe farklı bir yönden yaklaşmak, farklı yöntemlerle de o işin yapılabileceği anlamına gelir.

İşte tam da bugün bir yerden işe başla. Kendine ilham verici bir model bul ve araştır. Modelinin kariyer yolculuğunu bire bir kopyalama. Unutma ki her zaman daha iyisine ulaşmak mümkün.

Yaptım!

Nasıl hissettin?

83. Minik Dostum

Bir hayvan sahiplen ve onu koruyup besle.

Kendin için ne istiyorsan, onu başka bir canlıya sun. İçindeki çocuğun korunma ve beslenme ihtiyacını, minik dostu koruyarak ve besleyerek giderebilirsin.

Hayvanlar ruhsal dünyayla olan bağlarımızdır.

İçindeki rehber hayvanınla tanışmak için bir meditasyon yap ve uçsuz bucaksız huzurlu bir ormanda yürüyüş yaptığını hayal et. Karşına çıkan su birikintisinde önce kendi yüzünü sonra da rehber hayvanının yüzünü gör. Rehber hayvanının fiziksel ve karakteristik özelliklerini inceleyerek onun sendeki anlamını keşfet.

Uppsalla Üniversitesi'ndeki İsveçli bilim insanları tarafından gerçekleştirilen araştırmalar, hayvan sahiplenmenin olumlu etkilerini kanıtlıyor. Küçük bir köpekle aynı ortamda on dakika geçiren kişilerin de köpeğin de vücudundaki oksitosin seviyesinin yükseldiği saptanmış.

İnsanların ve hayvanların arkadaşlığı çok eski yıllara dayanır. Bundan yaklaşık 12 bin yıl önce, neolitik çağda insanlar hayvanları evcilleştirmeye başladılar.

İyiliğin Bilim Hali 147. madde

Nasıl hissettin?

Yaptım!

84. Senin Dostun Benim Dostumdur

Evcil hayvan beslemek için şartların uygun olmayabilir. O halde arkadaşın tatile gittiğinde ya da seyahate çıktığında onun evcil hayvanına sen bakabilirsin. Böylece hem bir evcil hayvanla vakit geçirmenin keyfini yaşar hem de arkadaşına yardım etmiş olursun.

Evcil hayvana sahip olmanın verdiği sorumluluk depresyona girmeyi engeller, stresini azaltır.

2009 yılında yapılan bir araştırmaya göre evcil hayvanlar sadece çocukların psikolojik sağlığını değil ruhsal sağlık problemleri yaşayan yetişkinlerin tedavilerini de destekliyor.

Evcil hayvanlarla iletişim ya da göz teması, bedendeki kortizol seviyesini düşürerek stresi azaltır. Örneğin kedi mırlaması ve kedilerle temas halinde olmak insan vücudundaki kan basıncını düşürür, tendon ve kasları rahatlatır, enfeksiyon, şişlik ve solunum güçlüğü semptomlarını azaltır.

Genel görüşün aksine, son yapılan araştırmalara göre evcil hayvanların alerji ve astım riskini azalttığı görülmüştür.

Yaptım!

Nasıl hissettin?

85. Ayaklara Özgürlük

Bugün, ayaklarını özgür bırak.

Çıplak ayakla toprağa ya da çimene basmak yani diğer bir deyişle "topraklanmak" beden sağlığı açısından çok değerli.

Toprağa çıplak ayakla bastığında, doğal olarak negatif iyon yüklü olan dünya yüzeyinden bedenine iyon akışı başlar.

Negatif yüklü iyonlar, vücuttaki biyokimyasal reaksiyonlarla ortaya çıkan pozitif yüklü serbest radikalleri (toksinleri) dengeleyerek, bedende birikmelerini ve hastalık oluşumuna yol açmalarını engeller.

Yapılan araştırmalara göre çıplak ayakla doğal yüzeylere temas etmek vücuttaki inflamasyonu azaltıyor, kanın akışkanlığını artırıyor, endokrin ve sinir sistemlerini dengeliyor, kronik ağrılara iyi geliyor ve uyku kalitesini yükseltiyor.

Bugün sen de ayakkabılarını çıkar ve toprağa bas... Toprağın iyileştirici gücünün bedenine akmasına izin ver.

Dünyaya temas et ve onu hisset...

Nasıl hissettin?

Yaptım!

86. Derlen Toparlan

Yaşam alanını düzenle.
Mesela odanı topla.
Çekmecelerini, çantanı, cüzdanını, dolaplarını düzenle.
Faturalarını ve belgelerini dosyala.

Bulunduğun mekândaki dağınıklık, dikkatinde de dağınıklık yaratır. Dikkat dağınıklığı bedende strese neden olan faktörlerdendir.

Yapılan araştırmalara göre dağınıklık odaklanmayı zorlaştırıyor, stres yükünü artırarak zihin ve beden sağlığını olumsuz yönde etkiliyor.

Yoğun bir dağınıklığa sürekli bakıyor olmak, beyinde görmeyi sağlayan vizüel korteks isimli bölgeyi gereğinden fazla uyarana maruz bırakarak odaklanmayı güçleştiriyor. Beyin aldığı yoğun uyaranlar yüzünden gereksiz bilgi yükünü işlemlemekte zorlanmaya başlıyor.

Beyin, düzenli ortamlarda hem daha etkin ve üretken çalışıyor hem de daha az stres yaşıyor. Böylece gereksiz zaman ve enerji kaybı da azalmış oluyor.

İyiliğin Bilim Hali 177. madde

Yaptım! **Nasıl hissettin?**

87. Sen Gülümse ki Dünya da Sana Gülümsesin

Herkese gülümse.
Sana bakmasalar bile gülümse.
Delirdiğini düşünenler olabilir
ama unuma ki delirmek, eğlenmektir.
Eğlenmediğin bir hayat seni ne kadar geliştirir ki?
Çocuklaşamıyorsan, büyüyemezsin…

Gülümsemek sihirdir.

Açılmayan kapılar açılır, taş kalpler yumuşar, öfkeler diner, kavgalar biter...

Gülümseyen birini gördüğünde beyinde obitofrontal korteks harekete geçer ve ödül alma hissi uyanır. Bu yüzden gülen birine baktığında sen de gülmeye başlarsın. Tıpkı esnemek gibi...

Kahkahalar atan küçük bir çocuk gördüğünde bile nerede olursan ol gülmeye başlamıyor musun? İşte bu yüzden delirmiş gibi özgürce gülümse. Başkalarının da delirmesine aracı ol.

Bir tane bile olsa gülümseyen bir yüzde payının olması eşsiz bir doyum. Birinin senin yüzünden ağlamasını mı tercih ederdin, senin sayende gülmesini mi?

Kararını ver ve aksiyona geç. Hayat fikirleri değil, aksiyonları alkışlar.

Nasıl hissettin? Yaptım!

88. Mercimeği Fırına Verdik

Çok katlı fırında birden fazla yemek pişirerek ve fırın kapağını sürekli açıp kapatmayarak enerji tasarrufuna katkıda bulun.

Günümüzde modern fırınlarda farklı sistemler mevcut. Katlı fırınlarda birden fazla yemek pişirerek enerji tasarrufu yapabilirsin. Bu şekilde misafirlerine hem bir ziyafet çekmiş hem de leziz yemekleri aynı anda pişirmiş olacaksın.

Fanlı fırınlar sıcaklığı eşit şekilde dolaştırdıkları için daha düşük sıcaklıklarda yemeklerin pişmesini sağlar. Bu yüzden geleneksel fırından enerji tasarrufu sağlayan bir fırına geçebilirsin.

Fırın kapağının açılıp kapanması enerji kaybına sebep olduğu için gerekmedikçe fırın kapağını açmaktan kaçın. Böylelikle yemeğin pişme süresini de geciktirmezsin.

Yaptım!

Nasıl hissettin

89. Hem Analitik, Hem Yaratıcı Olmak Mümkün

Beynin sağ ve sol bölgelerini
daha etkin kullanmak verimliliğini artırır.

Nasıl mı?

Beyinde sağ hemisfer vücudun sol tarafını kontrol ederken sol hemisfer de vücudun sağ tarafını kontrol eder.

Sol beyni, yani analitik ve mantıksal tarafı kullandığında daha analitik düşünür, daha dikkatli ve rasyonel hareket edersin.

Dil, gerçekler, bilim, matematik ve stratejileri işlemek için kullandığın bölüm, beynin sol bölgesidir.

Sağ beyni, yani beynin duygusal tarafını aktif olarak kullandığında duygular, inançlar ve hayal gücü devreye girer. Öznellik daha güçlüdür.

Beynin iki tarafını da daha aktif ve etkin kullanmak için birtakım çalışmalar ve egzersizler yapabilirsin.

Kendini fazla analitik buluyorsan beyninin sağ bölgesini aktive edebilmek için sanatsal faaliyetlerde bulunabilirsin.

Eğer fazla sezgisel olduğunu düşünüyorsan, beyninin sol yarısını geliştirmek için analitik çalışmalar yapabilir, bulmacalar çözebilirsin.

İyiliğin Bilim Hali 207. madde

Nasıl hissettin?

Yaptım!

90. Eleştiriden Vazgeç

Bugün kimseyi eleştirme.
Yargılamak yükünden kurtul.
Herkesi ve her şeyi olduğu gibi kabullen.

Kimse eleştirilmeyi sevmez. Eleştirmek çoklukla olumsuz karşılanır. Yapıcı bile olsa amacına ulaşamadan farklı yönlerdeki enerjiyi açığa çıkararak bir bardak suda fırtınaların kopmasına bile yol açabilir.

Birini eleştirmek, çoğu zaman onu savunmaya geçirir. Savunma mekanizmaları savaş ve kaç davranışını doğurur. Savunmaya geçen kişi ya seninle savaşacaktır ya da seni dinlemekten vazgeçip kaçacaktır. Ona vermek istediğin mesaj, asla yerine ulaşamayacak, üstüne üstlük tepki de göreceksindir.

Varoluşun başka bir suretini yargılamak içsel yolculuğunda farkındalığını kısıtlar. Savunmaya geçmek gelen mesajları kaçırmaya neden olur. Böylece gelişimin de önü kapanır.

Maruz kaldığın ya da yaptığın eleştirilerin farkına var. Eleştirileri olumlu bir şekilde iletmenin yöntemlerini bul ve deneyimle. Karşındakinde eleştirdiğin her şey, kendinde barışamadığın yönlerinin aynasıdır. Karşındakini eleştirmek yerine kendinde dönüştürmen gereken yönlerini fark et.

Yaptım!

Nasıl hissetti

91. El Emeği Göz Nuru

Sevdiğin birine kendi ellerinle bir hediye hazırla.
Kendi boyadığın bir doğum günü kartı, ördüğün bir kaşkol, bir araya getirdiğin ve çerçevelettiğin bir yapboz da olabilir...
Yeter ki hediyenin içinde sevgin olsun.

Birine kendi ellerinle hediye hazırlamak yaratıcı zekâyı çalıştırarak zihin gelişimine fayda sağlar. Ayrıca hediyeyi verdiğin kişi, satın alınmış bir hediyeden daha özel bir şeye sahip olduğunu hissederek verdiğin değer duygusunun tadına varır.

Satın almadan, kendi ellerimizle hazırladığımız hediyeler; bütçemize zarar vermezler, daha kişiseldirler. Örneğin hepimizin evinde aile büyüklerimizden kalan bir battaniye, bir yatak örtüsü, bir kazak, bir patik vardır. Yani el emeği göz nuru hediyeler bir gün bir hazineye dönüşebilirler.

Nasıl hissettin?

Yaptım!

92. Diyaframına Kuvvet

Bir elini göğsünün üzerine koy, diğerini karnının üzerine...

Burnundan 3 saniye boyunca nefes al, sonra bu nefesi 3 saniye içeride tut ve 5 saniyede yavaşça ver.

Nefes alırken ve verirken, sadece karnının üzerindeki elinin hareket etmesini sağla.

Beden, çocukluk çağında abdominal solunum olarak adlandırılan diyafram solunumu yapar. Ancak yaş ilerledikçe göğüs solunumuna geçer. Erişkin yaşamda bedenin nasıl nefes aldığına çoğunlukla dikkat edilmiyor.

Oysa nefes kalitesi çok değerlidir.

Nefes alırken diyaframı kullanmak, akciğerlerin alt kısımlarını da aktive eder. Böylece kanda oksijen taşıyan hücreler yedi kat daha fazla oksijen alır ve karbondioksiti çok daha rahat bırakır. Dokulara giden oksijen miktarı otomatik olarak artar ve bedendeki tüm metabolik faaliyetler hız kazanır. Nefes alırken diyaframı kullanmak nefes sürecini rahatlattığı gibi kan basıncını da düzenler ve baş ağrısına iyi gelir.

Yaptım!

Nasıl hissetti

93. Sıcacık Bir Çay Olsa, İçimizi Isıtsa

Kendine bir fincan bitki çayı yap.
Fincanın sıcaklığını avuçlarının içinde hissederek çayını yudumla.
İşte tam da o an neler hissetmeye başladığını fark et.

Otonom sinir sistemi, sempatik ve parasempatik sinir sistemi olmak üzere iki ana mekanizmadan oluşur. Sempatik sistem, "Savaş ya da kaç" da diyerek tanımlanan hayatta kalma reaksiyonunu yönetirken, parasempatik sistem de bedenin dinlenme durumundaki iç dengesinin düzenlenmesinden ve sindirim işleminden sorumludur. Her iki sistem birbiriyle denge içerisinde çalışır. Birinin uyarı miktarı arttığında diğeri ters orantı göstererek azalır.

Bir araştırmaya göre avuç içerisinde hissedilen sıcaklık (bir fincan sıcak çay gibi) parasempatik sinir sistemini aktifleştirerek zihni sakinleştiriyor, denge sağlıyor ve özgüven hissettiriyor.

Başka bir araştırmaya göre ise, elinde sıcak bir fincan çay tutan insanların, buzlu çay fincanı tutan insanlara göre kendilerini daha içten, daha cömert ve daha sıcakkanlı hissettikleri ortaya konmuş. Ayrıca avucunda sıcak fincan tutanların, soğuk fincan tutanlara göre daha verici oldukları gözlemlenmiş.

Nasıl hissettin?

Yaptım!

94. Açık Fikirler Yeni Kapılar Açar

Sana sunulan farklı olasılıkları
tarafsızca değerlendir, direnç gösterme.

Yeni fikirlere açık ol.

Önyargılı, katı ve kapalı olmak sayısız fırsatları, sayısız deneyimleri kaçırmana neden olur.

Herkesin bakış açısı farklı, dolayısıyla deneyimleri de farklı.

Kimse diğerinden daha az değerli değil. Birinin düşüncesi, başkasına ilham olabilir. Bir fikir akla hayale gelmeyen bir kapıyı aralayabilir.

Gelişmek, deneyimlerin ve fikirlerin çeşitliliğiyle mümkün...

Kendi yolunun önünden çekil, kapıları kilitleme.

Direnç gösterme... Fikirlerle savaşma...

"Bütün acının kaynağı dirençtir.
Direnmeyi bıraktığında her deneyimin sana sunacağı
bir hazine olduğunu fark edersin."

Yaptım!

Nasıl hissettin

95. Sokak Hayvanları İçin Yağmur Suyu Biriktir

Balkonunda ya da bahçende yağmur suyu biriktir.
Oluşturacağın su tankları sayesinde su tasarrufunda emek sahibi ol.

Su tankın yoksa leğen, kova ya da başka bir kap kullanarak, biriktireceğin yağmur suyuyla arabanı yıkayabilir, yerleri silebilir, çiçeklerini sulayabilirsin.

Aslında bir kap suyun bile nasıl emeklerle dolduğunu bilmen için çok güzel bir deneyim. Genelde şehir hayatında bir vanayı çevirerek "sonsuz" gibi gözüken suya ulaşabiliyoruz. Oysa her metreküp suyun ne kadar büyük bir çabayla ede edildiğini unutmamak lazım.

Ayrıca yağmur suyunda bulunan minerallerin saçı beslediği de biliniyor. Saçlarına canlılık katarak sağlıklı uzamalarını istiyorsan, hadi o zaman yağmur suyunu depola ve saçlarını yıkamayı dene!

Sokak dostlarımız bu kaplarda biriken yağmur sularından çabasızca faydalanabilir. Onlar senin de yaşamını paylaştığın dostların. Farkında olmasan da varlıklarıyla senin sağlığını destekleyen canlı arkadaşların...

Nasıl hissettin? Yaptım!

96. Ergonomik Ortamlar Yaratalım

Belini bir yastıkla destekle,
bilgisayarını uygun kullanma mesafesine al.

Yapılan araştırmalar, uygun postür duruşunda çalışmayan kişilerin büyük çoğunluğunun en az bir kez bel ağrısı, omuz ve el bileği problemleri yaşadıklarını ve bu şikâyetlerle doktora başvurduklarını gösteriyor.

Çevresel etkenler, insan bedenine göre uyumlanmadığında yaşanan ağrılardan ve sıkıntılardan dolayı tamamlanması gereken işlerin de uzun süre geciktiği saptanmış.

Ergonomik çalışma ortamı için işe koltuk seçimini değiştirmekle ya da belini bir yastıkla desteklemekle başlayabilirsin. Çalıştığın bilgisayarla arandaki mesafeyi de doğru ayarla.

Sırasıyla ofiste kullandığın her aracı ergonomik hale getirebilirsin.

Bedeninden gelen sinyallere önem verip pratik çözümler üretebilirsin.

Konuyla ilgili yapılan araştırmalara göre ergonomik çalışma ortamları sayesinde çalışanların ağrıdan dolayı işe gelememe şikâyetleri yüksek oranda azalıyor. Ayrıca uzun süre bilgisayar başında çalışmalarına rağmen hata yapma oranı da düşüyor.

Yaptım!

Nasıl hissettin

97. Duygu Dedektifliği

Duygularını izle, ayrım yapmadan sende yarattığı etkiyi gözlemle.

Gün içinde deneyimlediğin sevinç, üzüntü, utanma gibi farklı duyguları olumlu ya da olumsuz diyerek etiketlemeden, oldukları gibi deneyimlemen için kendine izin ver. Duygularının seni nasıl etkilediğini düşün. Bugün, hislerinin dedektifi ol.

Olumlu duygular kadar olumsuz duygular da gelişimine hizmet eder. Örneğin korku hayatta kalmana yardım eder, kıskançlık karşındakine bakarak hangi yönde gelişmeye ihtiyacın olduğunu sana hatırlatır. Beynin genel olarak acıdan kaçmak ve hazza yönelmek üzere programlanmıştır. Bir duyguyu olumsuzlukla etiketlediğinde beynin seni o duygudan kaçırarak korumaya çalışacaktır. Oysa içsel yolculuğunda ruhunun gelişmek için ayırt etmeden tüm duyguları tecrübe etmeye ihtiyacı vardır.

Duygular aracılığıyla ruhun seninle konuşur. Yaşamaya izin vermediğin, kabul etmediğin duygular bilinçaltına kök salarak ruhunu hasta eder.

Nasıl hissettin?

Yaptım!

98. Sürpriz Yap

Annene, sevgiline, ofisteki çalışma arkadaşına, sevdiğin birine sevgi dolu bir not hazırla, küçük bir hediye al, en sevdiği içecekten bir fincan götür. Doğum günlerini hatırla, sürpriz partiler düzenle.

Sürprizler beyindeki dopamin sistemini harekete geçirir. Dopamin hormonu sinir hücreleri arasındaki iletişimi sağlar. Dikkatimizi odaklamamıza yardımcı olup, bulunduğumuz duruma yeni bir yönden bakmamıza ilham olur, insan hayatına canlılık, farkındalık getirmek için çok önemlidir.

Sürpriz sıradanlığın karşıtıdır. Can sıkıntısı ve sıradanlığı ortadan kaldırır. Sürprize verilen tepkilerin dört basamağı vardır. Öncelikle insan kendisine yapılan sürpriz karşısında donar, ne olduğunu anlamaya çalışır, kendine göre anlamlandırır ve paylaşır. Her basamak yeni duygusal dalgalanmalar oluşturur ve hayat boyu unutulmayacak yeni hayat tecrübeleri sunar.

Yaptım!

Nasıl hissettin?

99. Başın Öne Eğilmesin

Otururken ya da ayaktayken kamburlaştığını
her hissettiğinde omurganı dikleştir.
Beş dakika boyunca dik durmak için çaba göster.

Omurga sağlığı, bedenin bütünsel sağlığı açısından çok değerli...

Omurganın fizyolojik kıvrımlarının dengeli şekilde korunması, beyin ve sinir sisteminin fonksiyonlarını sağlıkla yerine getirebilmesini sağlar.

Aynı zamanda sağlıklı bir omurga sayesinde bedenin fizyolojik duruşu desteklenir. Kalp ve akciğerler gibi göğüste yer alan organlar ve sindirim-boşaltım sistemleri de fonksiyonlarını rahatlıkla yerine getirirler.

Kambur durmak, omurgayı destekleyen ve postürü sağlayan kasların yanlış kullanımından dolayı yorulmasına ve fonksiyonlarının bozulmasına yol açar. Uzun vadede omurgayı destekleyen kaslar eğer yeterince güçlendirilmezse kamburluk derecesi giderek artar ve yerleşir, kaslar giderek sağlıksızlaşır. Ayrıca kambur oturmak özgüveni azalttığı gibi konsantrasyonu da düşürür, daha mutsuz hissettirir.

İyiliğin Bilim Hali 134. madde

Nasıl hissettin?

Yaptım!

100. Erken Kalkan Yol Alır

Sadece yarım saat erken uyanarak geçireceğin günün kalitesini yükseltebilirsin. Kazanacağın yarım saatlik zaman hem bir yerlere yetişebilme stresini azaltacak hem de yeni aktiviteler keşfetmene destek olacaktır.

Dinlenmiş olarak erken kalkmanın zihin sağlığına katkıları büyük... Günün ilk saatlerini nasıl geçirdiğin, günün kalan kısmını nasıl geçireceğini de belirler. Uykuda niteliği artırdığında niceliğe olan ihtiyacın da azalacaktır. Uyku kaliteni artırmak için adımlar attığında yarım saat erken kalkmanın zor olmadığını göreceksin...

Erken kalkarak sabah telaşından kaynaklanan stresi azaltabilirsin. Gün içerisinde zaman ayıramadığın pek çok aktiviteyi yapabilir, kendine zaman ayırabilir ya da sıkı bir kahvaltı yaparak güne daha enerjik başlayabilirsin.

Yaptım!

Nasıl hissettin?

101. Pardon, İsminizi Hatırlayamadım?

Yeni tanıştığın insanların isimlerini hatırla ve onlara isimleriyle hitap et.

Her dilde ve her ses tonunda işitebileceğin en güzel melodi kendi ismindir.

Yeni tanıştığın birinin sana isminle hitap etmesi, sana değer verdiğinin, saygı duyduğunun göstergesidir.

Tanışmalarda güçlü ve akılda kalıcı bir etki bırakır.

Hatırladığın isimler, sana güç olarak geri döner.

Yeni tanıştığın birine ismiyle hitap et. Etrafındaki insanların isimlerini öğren. Onlara en sevdikleri melodiyle seslen:

İsimleriyle...

Hatırlandığını, fark edildiğini hisseden herkes için artık unutulmazsın.

Unutma ki verimli ilişkiler de emek ve değer ister.

Değer verdiğini hissettirmeyi başardığında, kurduğun ilişkilerin üretkenliği de artacaktır. Daha uzun soluklu, daha sağlıklı ve daha yaratıcı bir iletişimin yolu açılacaktır.

Nasıl hissettin? **Yaptım!**

102. Elektronik Hurdaları Dönüştür

Kullanmadığın ya da bozulmuş tüm elektronik cihazlarını hurdaya ver. Hem evin ferahlasın, hem dünya...

Teknolojinin hızla gelişmesiyle birlikte elektronik eşyaların sayısı da fonksiyonları da arttı. Cazip fiyatlarla satılıyor olmaları tüketicinin odağını yeni çıkan ürünlere yöneltiyor ve bu sayede elektronik atıklar da insan hayatında geniş bir yer tutuyor.

Bilgisayar, cep telefonu, ekipman monitörleri, yazıcılar, sabit diskler başlıca elektronik atıklardan sayılabilir. Bu ekipmanların içeriğinde plastik, cam, demir-çelik karışımı, demir, kurşun dışı metallerin yanı sıra kimyasal maddeler de bulunuyor, bu yüzden atıkları da çevreye büyük zarar veriyor.

Elektronik atıklar, ev atıkları gibi görülüp evin çöp kutusuna atılmamalı.

Elektronik atıklarını geridönüşüm firmalarına vererek hem çevreyi koruyabilirsin hem de ülke ekonomisine katkı sağlarsın.

Yaptım!

Nasıl hissettin?

103. Geribildirim Önemli

Yaptığın bir işle ilgili durum bildirimi yapmak, verdiğin görev için bilgi istemek karşılıklı gelişim sağlar.

Bir işin iyi yapıldığını anlamak ve kullanılabilecek farklı yollar olup olmadığını öğrenmek için iş sürecinde mutlaka geribildirim alışverişi yapmalısın.

Karşılıklı yapılan geribildirimler bir sonraki işin verimini ve performansını destekleyecektir. Sadece süreç sonunda değil süreç boyunca da geribildirim sistemi gereklidir.

İşi son haline getirip beklenen sonuca ulaşılamadığını öğrenerek vakit kaybetmektense süreç içerisinde verilen ve alınan geribildirimlerle ilerlemek daha verimlidir.

Nasıl hissettin?

Yaptım!

104. Avaz Avaz Bir Ferahlama

Canın sıkıldığında, öfkelendiğinde ya da nefesin daraldığında kendini tutma ve avazın çıktığı kadar bağır:
"Aaaaaaaa!"

Evrendeki her şey titreşimlerden oluşur, her bir titreşim kendine özgü bir ses enerjisi oluşturur. İnsan kulağı, 16 ila 16000 Hertz aralığının dışında kalan frekansları duyamaz. Yine de kulağımız duyamasa da frekansları tüm bedenimizle, enerji alanımızla hissederiz.

Pek çok eski inanışta evrenin yaratılışında ses olduğuna inanılmaktadır.

Şamanlar, Budistler ve Aborjinler sesli terapiler ve ses çıkaran aletlerle birtakım ritüeller yaparlar. Sesin özellikle bedenin gözle görünmeyen enerji alanında yaptığı değişiklikler bilimsel olarak kanıtlanmıştır.

Ses kendimizi en iyi ifade ettiğimiz enerjidir, kendimizi hayata kelimelerimizle anlatır, hayatla iletişimi ses tellerimizle kurarız.

Yaşamında kullandığın sesler/kelimeler dışında sesini kullanmak, sana kendin hakkında farkındalıklar kazandırabilir.

Kendine döndüğün zamanlarda normal yaşamda kullanmadığın, farklı sesler çıkararak bedeninde ve enerji alanında meydana gelen değişiklikleri gözlemleyebilirsin.

Yaptım!

Nasıl hissettin?

105. Yardıma Koş

Aniden bastıran yağmurun altında ıslanan biriyle şemsiyeni paylaş. Yolda yürürken düşen birini ayağa kaldır ve ona iyi olup olmadığını sor. Market kasasında poşetlerini doldurması için birine yardım et. Yardıma ihtiyacı olan herkesin yardımına koş.

İyi olmak öğrenilebilir, tıpkı bir kas gibi geliştirilebilir. Bu gelişen şefkat kasıyla kişiler etrafındaki yardıma ihtiyacı olanları daha kolayca görebilir ve yardımlarına daha kolayca koşabilirler.

Bir kişinin yaptığı iyilik hareketi domino etkisi yaratarak bir sürü kişinin iyilik hareketi yapmasını sağlar çünkü iyilik hareketi bulaşıcıdır. İyilik hareketinin pozitif etkileri, o hareketi gerçekleştiren herkes tarafından deneyimlenir ve ruh halini iyi yönde geliştirerek daha fazla iyilik yapmaları ve bu etkiyi daha fazla insana yaymaları için onları teşvik eder.

İyiliğin Bilim Hali 200. madde

Nasıl hissettin? **Yaptım!**

106. Yeşilin Elli Tonu

Bugün bir öğünde en sevdiğin yeşil sebzeyi ye.

Yeşil sebzeler, doğanın armağanı olan vitamin, mineral ve lif dolu hazinelerdir. Başta A ve C vitamini olmak üzere zengin vitamin içeriklerinin yanı sıra bol miktarda magnezyum, potasyum, folat ve fito-kimyasallar gibi mineraller ve lifler sayesinde hem bedenin enerji ihtiyaçlarını karşılar hem de tüm metabolik gereksinimler için gerekli olan yapıtaşlarını sağlayarak bedenin imdadına koşarlar.

Yeşil sebzeler, vücudu alkali hale getirmeye yardımcı olarak çeşitli metabolik faaliyetlerden etkilenen pH dengesini düzenler, kan biyokimyasını ve tüm organ sistemlerinin iç dengelerini düzenler.

Bugün, herhangi bir öğünde en sevdiğin yeşil sebzeyi tüket. Yeşile tabağında ve hayatında daha fazla yer ayır.

Yaptım!

Nasıl hissettin?

107. Şikâyet Etmek Yerine Şükret

Bir şikâyete karşılık iki teşekkür oyunu oynamaya var mısın? Bugünden sonra her şikâyetine karşılık şükredeceğin iki durum bul. İki şükür bulamıyorsan, bir şikâyet hakkını da kaybedersin.

Bir şikâyet listesi yapmaya kalksan muhtemelen defterler dolusu yazacak şeyin vardır. Şikâyet ettiğin her konuya karşılık şükredecek durumlar da bulabiliyor musun?

Şikâyet etmekte özgürsün. Fakat bundan sonra her şikâyetine karşılık şükredeceğin iki durum daha bul.

Şikâyet etmek yerine şükretmek, olaylara ve durumlara bakış açını değiştirir.

Yaşadığın her deneyime teşekkür etmeyi başarabildiğinde aslında şikâyetçi olduğun durumun bambaşka sebeplerden kaynaklandığının farkına varabilir, kişiler ya da durumlar hakkında ne kadar yargılayıcı ve haksız bir yaklaşımda bulunduğunu görebilirsin.

Olumsuz yargıyı olumlu kanıya dönüştürmek, her zaman rahatlatır. Bu da uzun vadede zihinsel sağlığına destek olur.

İyiliğin Bilim Hali 129. madde

Nasıl hissettin?

Yaptım!

108. Kabullenmenin Gücü

Kabullenmek ve tahammül etmek aynı şey değil.
Tahammül göstermeye çalışarak direnç yaratacağına, kabullenmeyi dene.
Olanı kabul etmek, değiştirmeye çalışmaktan
hem daha kolay hem de daha mümkün.

Herkes şahsına münhasırdır.

Aynı ailenin içinde, aynı sosyoekonomik şartlarda, aynı kültürde yetişmiş insanlar bile birbirinin aynı değildir, olamaz da.

Başkalıklar, varoluşun en değerli armağanlarındandır.

Kimse aklındaki gibi olmak zorunda değil.

Sen de başkası için değişmek zorunda değilsin.

Özgünlüğün, en değerli özelliğin... Başkasının da öyle...

Herkesi özgünlüğüyle, başkalığıyla kabullen ve bu başkalıklara saygı göster.

Kimseyi eğip bükmeye, şekillendirmeye, değiştirmeye çalışma. Bu sadece ona değil, kendine karşı da saygısızlıktır.

Kimseye tahammül etme, kabullen...

Tahammülde direnç ve mücadele vardır.

Unutma ki dışarıda değiştirebileceğin hiçbir şey yok.

Direnç gösterdiğin, tahammülde zorlandığın her şey onunla değil seninle ilgilidir.

Nerede zorlandığına bak.

Kendinde neyi onaramadığını gör.

Yaptım!

Nasıl hissettin?

109. Yaz Geliyor, Yağları Topluyoruz

Bugünden itibaren yağ atıklarını çöpe atma.
Lavaboya ya da tuvalete dökme.

1 litrelik atık yağ 1 milyon litre içme suyunu kirletir. Kullanılmış yağlar hem çevreyi hem de insan sağlığını tehdit ediyor. Özellikle defalarca kullanılan yağlarda polar sayısı yükselir ve madde giderek kanserojen hale gelir. Bu kanserojen maddeler bugün hem su kaynaklarını kirletiyor hem de evlerdeki su borularına zarar veriyor. Böylece şehir kanalizasyon sistemleri de olumsuz etkileniyor.

Türkiye genelinde yıllık yaklaşık 300 bin ton bitkisel ve hayvansal atık yağ oluşuyor. Atıkların yüzde 95'i kanalizasyonlara karışarak içme sularını, denizleri ve çevreyi kirletmeye devam ediyor. Atık yağları toplama noktalarındaki bidonlara bırakarak dönüştürülmesinde sen de değerli bir elçi ol.

Nasıl hissettin? **Yaptım!**

110. Öğrenmenin Yaşı Yok

Gelişmelerin gerisinde kalmamak için mesleğinle ya da ilgi alanlarınla ilgili kurslara veya atölyelere katıl. Hiçbir şey için geç değil…

Özgeçmişine ekleyebileceğin yeni bir yetenek kazanmak için geç kalmış değilsin.

Yaptığın işle ilgili ya da ilgi duyduğun konuları anlayıp öğrenmek için kendine zaman yarat.

Öğrenmenin yaşı yok. Gelişimini destekleyecek ve kendini iyi hissettirecek çalışmalara katılmak kendine yapacağın değerli yatırımlar olur. İşindeki verimini artırır. Özgüvenini pekiştirir.

Ayrıca yeni beceriler öğrenmek beyni çok yönlü çalıştırıyor ve bu sayede bedeni de zinde tutuyor.

İyiliğin Bilim Hali 122. madde

Yaptım!

Nasıl hissettin?

111. İçindeki Çocuk, Dışındaki Çocuk

Bugün, içindeki çocuğa seslen, yaptığın her şeye içindeki çocuğu da dahil et, ona sarıl ve hak ettiği ilgiyi göster.

Bugün içindeki çocuğa mektup yazmaya ne dersin? Onunla paylaşmak istediğin her şeyi kâğıda dök.

Kalbinin derinliklerinde unuttuğun belki de çoktan vazgeçtiğin çocuğa bir mektup yaz. İhtiyaç duyduğun her an mektupları açıp oku. İçindeki çocuğun da seninle konuşmasına izin ver. Onun elini tut ve birlikte eğlenmenin bir yolunu bul.

İçindeki çocuğu mutlu ettiğinde sen de mutlu olursun.

Çocukken yaptığın ve çok eğlendiğin şakalardan birkaç tanesini yapmaya ne dersin? Etrafındakiler önce delirdiğini düşünebilir. Ama kahkahalarının içtenliğini gördüklerinde onlar da gülümsemeye başlayacaktır.

Metin Hara'nın *Dem* kitabında yer alan içindeki çocuğa kavuşma meditasyonunu yaparak ihmal ettiğin çocukluğunla barışabilirsin.

Nasıl hissettin?

Yaptım!

112. Hepimiz Bir Gün Yaşlanacağız

Çevrende senden yaşça daha büyük olan insanlara sevgi ve ilgi göster. Onlarla zaman geçir. Huzurevine gidip yaşlı ve bakıma ihtiyacı olan insanları ziyaret et. Onlarla tanış ve gözlerinin içine bak, sohbet et, hikâyelerini dinle. İhtiyaçlarını sor ve imkânların ölçüsünde ihtiyaçlarını karşıla.

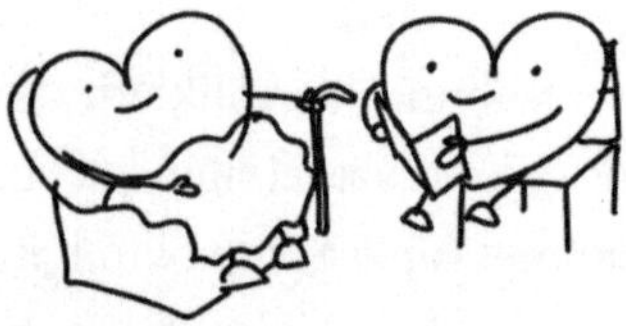

Kendimizden yaşça büyük insanlarla zaman geçirmek, huzurevlerini ziyaret etmek ya da huzurevi sakinleri için yapılan bir etkinlikte gönüllü görev almak her şeyden önce kendimize yaptığımız bir iyiliktir. Çünkü o insanlar bize yol gösterebilecek sayısız hayat tecrübelerine sahip bilgi depolarıdır. Ayrıca gönüllü olarak yapılan en küçük yardım bile kişinin benlik saygısını ve duygusal istikrarını geliştirir.

Yapılan araştırmalar, hayatı boyunca sosyal hizmetlerde gönüllü olarak çalışmış kişilerde beyin elastikiyetinin arttığını ve bu kişilerin Alzheimer olma riskinin az olduğunu göstermektedir.

İyiliğin Bilim Hali 152. madde

Yaptım!

Nasıl hissettin?

113. Karnın mı Aç, Kalbin mi?

Açlığını doğru ve objektif değerlendir.
Bedeninin enerjiye ihtiyacı olduğu için mi açlık hissediyorsun,
üzgün ya da stresli olduğun için mi?

Duygusal yeme ya da strese bağlı yeme, fiziksel açlıktan ziyade duygusal tatmine ihtiyaç duyulan zamanlarda ortaya çıkan, açlığa göre karşı konulması daha güç bir durum...

Üzgün ya da stresli olduğun zamanlarda yaptığın ilk iş buzdolabının kapağını açmaksa yemekle kurduğun ilişki, duygusal boyutta olabilir. Böyle zamanlarda açlığının sebebini doğru değerlendirmen, beslenme sağlığın açısından çok önemli.

Duygusal açlık sana yapmayacağın şeyleri yaptırabilir, yemeyeceğin şeyleri yemene neden olabilir. Normal şartlarda yiyebileceğin miktarın çok üzerine çıkman bile mümkün...

Duygularınla yemek yiyip yemediğinden emin ol. Unutma ki açlık, duygusal değil, fiziksel bir reaksiyondur.

Üstesinden gelemediğin duygusal açlık için profesyonel yardım alabilirsin.

Nasıl hissettin?

Yaptım!

114. Hayır Demeyi Dene!

Daha önce reddedemediğin için kabullendiğin bir şeye bu kez "Hayır!" demeyi dene.

Hayır demenin kabalık ve uygunsuz bir davranış olduğunu öğrenerek büyümüş olabilirsin.

Oysa hayır demek kabalık değil özsaygıdır.

Yapmak istemediğin bir sürü şeyi hayır diyemediğin için defalarca yapmak zorunda kalabilirsin. Böylece kendine olan güvenin de inancın da sarsılır. Fark yaratmayı hedeflediğin hiçbir konuda değişimi başlatamazsın.

"Hayır!" deme cesaretini göstermek kendini daha güçlü hissetmeni sağlar. Özgüvenini tazeler.

Yapmak istemediğin şeyi özgürce ifade ederek, ne istediğini bilen ve kendine güvenen bir birey olduğunu hem kendine hem de başkalarına göstermiş olursun.

Bunun adı bencillik olmaz, dürüstlük olur.

Yaptım!

Nasıl hissettin?

115. Her Konuda Cömertlik

Hayatındaki her canlıya karşı cömertliğini göster.

Zengin insan cömert insandır diye düşünüyor olabilirsin. Ama aslında durum tersi...

Yani cömert insan, zengin insandır.

Cömertlik sadece parayla ya da maddi güçle ilgili değil.

Her konuda cömert olabilmek zenginliktir.

Ne kadar cömert ya da cimri olduğun hakkında bir fikrin var mı?

Unutma ki cömertlik çoğaltıcıdır.

Paylaştığın her şey büyür.

Bilgini cömertçe paylaştığında, sevgini, ilgini, zamanını, şefkatini, güvenini, takdirini cömertçe sunduğunda büyür, gelişir ve zenginleşirsin.

Vermekten çekindiğin her şeyden yoksunsundur aslında.

Nerede cimrilik yaptığına bak.

Kendini nerede yoksunlaştırdığını gör.

Cömertlik anlayışını yeniden inşa et...

İyiliğin Bilim Hali 32. madde

Nasıl hissettin?

Yaptım!

116. Şarj mı Şarz mı?

Şarj edilebilir pil kullanarak doğaya daha az atık pil bırakmak mümkün.

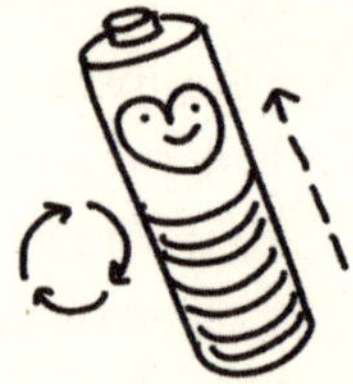

Zarar gördüğü için kullanımı mümkün olmayan ya da hizmet ömrünü tamamlamış olan pillere atık pil denir. Atık pillerin çöp yoluyla kanalizasyon şebekesine, denizlere, toprağa ve yeraltı kaynaklarına karışması ya da yakılması durumunda içlerindeki kimyasal maddeler çevrenin kirlenmesine yol açıyor.

Atık pilleri toplama noktalarına bırakarak geridönüşüm sorumluluğu üstlenebilir, böylece doğaya değerli bir katkıda bulunmuş olursun.

Ayrıca güneş enerjisiyle şarj edilebilen ürünler kullanmayı tercih ederek, enerji tüketimini verimli yönetebilirsin.

Şarj edilebilir pillerin kullanımı hem ekonomik olarak bütçene destek olacak hem de ekolojik olarak dünyaya yardım edecek...

Oh ne güzel! Bir şarjla iki kuş!

Yaptım!

Nasıl hissettin?

117. Beynini Bir Konuya Odakla

Aynı anda birçok işle ilgilenmek yerine sadece bir işe odaklan.

Stanford Üniversitesi'nde yapılan bir araştırmaya göre, aynı anda birden fazla işle uğraşanlar, her seferinde tek bir işle uğraşanlara göre daha az verimli bulundu.

Düzenli olarak aynı anda birkaç bilgi verisine maruz kalmak insanların bu bilgileri hatırlayamamalarına ve bir işten diğerine verimli olarak geçememelerine neden oluyor.

Beyin sadece bir şeye odaklanabildiğinden aynı anda birden çok işlc uğraşmak verimliliği ve performansı düşürüyor.

Nasıl hissettin?

Yaptım!

118. Şükür

Sahip olduğun bir şey için şükret.
Hayatındaki birine, sana iyi gelen bir deneyimine
ya da bir kazanımına şükranlarını sun.
Şükredecek bir şey bulamıyor musun?
O halde hâlâ nefes aldığın için şükret.

Teşekkür etmek elindekilerin ve sana sunulanın değerini bildiğin anlamına gelir. Bir şeyin değerini bilmek onun daha fazlasına sahip olma fırsatına açılan kapıdır. Minnet duygusu hayatı kutsamanın başka bir yoludur.

Şükür bizi bütünle birleştiren en saf histir. Yapılan araştırmalar şükür çalışmalarının mutluluk hormonunu artırdığını ortaya koyuyor.

Şükür sözle ifade edilmez. Şükür bir histir. Minnet duygusunu kalbinde yakala. Mırıldanarak ifade ettiğin ama içinde deneyimleyemediğin sürece şükretmiş sayılmazsın.

Gülümsemek, iyi hissetmek, içsel coşkuyu yakalamak, sevmek, paylaşmak sessizce edilmiş şükürlerdir. Etrafındaki bütün güzellikleri kucakla... Onların değerini bil. Her birine sevgini göster...

"Gerçek şükran dilde değil gönüldedir."

İyiliğin Bilim Hali 190. madde

Yaptım!

Nasıl hissettin?

119. Olaylaştırma Kolaylaştır

Birlikte çalıştığın arkadaşlarının işlerini daha kolay yapabilmeleri için düzenlemeler yap, çalışma ortamını düzenli tutarak temizlik görevlilerine yardım et.

Günlük rutinimizde en az sekiz saatimizi işyerinde geçiriyoruz, birlikte çalıştığımız insanları, eşimizden, ailemizden daha fazla görüyoruz. Bu nedenle evimizden daha fazla zaman geçirdiğimiz işyerimizin düzeni evimizin düzeni kadar önemli...

Yan yana çalıştığımız arkadaşımızdan temizlik işlerini yapan görevliye, patronumuzdan çaycımıza kadar işyerinde kurduğumuz bütün ilişkiler hayatımızın her kesimindeki ilişkilerimizi daha önemlisi hayat kalitemizi etkiliyor.

Kaliforniya Üniversitesi'nin yaptığı bir araştırma, huzurlu ve düzenli bir ortamda çalışan, dış dünyayla daha az ilgilenen, iş arkadaşlarını görebilen mesafede çalışan kişilerin stres seviyelerinin daha az olduğunu ve daha mutlu insanlar olduklarını gösteriyor.

Nasıl hissettin?

Yaptım!

120. Soğuk Duş Etkisi

Dayanabileceğin soğuklukta hızlı bir duş al.

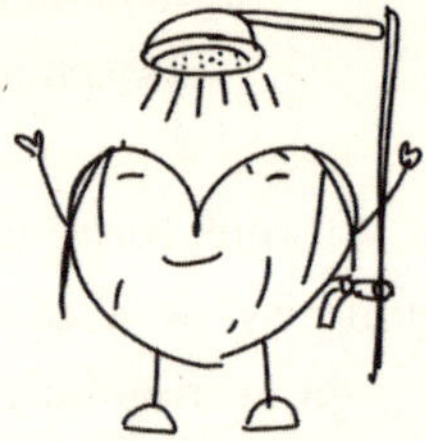

Yakın dönemde yapılan araştırmalara göre, soğuk duş almak beyinde noradrenalin hormonunun salgılanmasını artırıyor. Böylece duygu durumu hızla olumlu yönde değişiyor ve enerji yükseliyor.

Noradrenalin hormonu otonom sinir sisteminin çalışmasını düzenleyen önemli bir hormondur. Strese yanıt reaksiyonunda böbreküstü bezi tarafından salgılanan adrenalin hormonuyla birlikte görev yapar. Noradrenalin ayrıca spontan dikkat ve çevreye yanıt vermekle ilgili reaksiyonları etkiler. Öğrenme reaksiyonları ve ödül sistemlerinin temelindeki mekanizmalarda rol oynar. Noradrenalinin, sindirim ve dolaşım sistemlerinin fonksiyonlarının düzenlenmesinde de katkıları vardır.

Sabahları soğuk duş yapmak zihinsel uyanıklığı sağladığı gibi, daha derin nefes alıp vermeyi de destekler. Kandaki oksijen miktarını artırır. Soğuk duşla beyne ve diğer organlara giden kan akımı hızlanır, metabolik faaliyetler canlanarak güne zinde bir başlangıç yapmak mümkün olur.

Yaptım!

Nasıl hissetti

121. Kararın Uykuda Demlensin

Önemli kararlarını aceleyle verme.
Düşünmek için kendine zaman ver.

Yaptığın seçimlerle kaderini her an yeniden yazarsın. Ne kadar şikâyet de etsen seçimlerini yaşarsın.

Bu yüzden hiçbir kararını aceleye getirme.

Karar almak konusunda kendini baskı altında hissettiğinde aceleci davranmak zorunda olmadığını hatırla.

Yapılan bir araştırmaya göre önemli bir karar vermeden önce bir gece uyumak ve sonrasında karar vermek, daha rahat ve daha sağlıklı kararlar vermeyi sağlıyor.

Bilincin aktif olmadığı bir aktiviteden sonra karar verme mekanizmasının daha sağlıklı işlediği saptanmış.

Önemli bir karar vermeden önce bir gece uyumak, söz konusu durumu çok yönlü görmek ve etraflıca değerlendirme yapabilmek açısından önemli bir fırsat olabilir.

Bırak su durulsun, görüntü netleşecektir...

İyiliğin Bilim Hali
92. madde

Nasıl hissettin?

Yaptım!

122. Eleştiri Değil, İnce Ayar

Doğru eleştirmek sanattır.
Doğru eleştirilmekse erdem.

Eleştirme hakkın tabii ki var.

Fakat bunu nasıl yaptığın önemli...

Amacın rahatsızlık duyduğun bir konuyu ifade etmek ve mümkünse değiştirmekse hislerini sözlerine yansıtmalısın.

Amacının tartışmak, yermek ya da küçümsemek olmadığı konusunda önce kendine karşı dürüst ol ve "Sen zaten hep bunu yapıyorsun" demek yerine "Sen böyle davrandığında ben kendimi iyi hissetmiyorum" diyerek kendini sorunun merkezine alarak konuş.

Eleştirilirken de sağduyulu ol.

Konuyu kişiselleştirmeden ciddiye alarak dinle ve çözüm odaklı davran.

İletişim, niyetlerle çok ilgilidir. Önce kendine karşı dürüst davranıp içindeki niyetin ne olduğundan emin ol.

Gülümsediğin halde yıkıcı bir niyetle eleştiri yapıyorsan, niyetinin uzlaşmak olmadığıyla yüzleş...

İfadeni belirleyecek olan güç içindeki niyettir...

Yaptım!

Nasıl hissetti

123. Çöp Adam Olma!

Günlük çöp miktarını azaltmayı dene.

Şehirde yaşayan bir kişi günde ortalama 1 kilo çöp çıkarıyor.

Çıkarılan çöpler fosil yakıt kullanan araçlarla şehir dışındaki bölgelere taşınıyor ve fosil yakıt bağımlılığına ve küresel iklim değişikliğine sebep oluyor.

Çöp alanları, şehirden uzak, nispeten bakir bölgelere kuruluyor ve doğaya zarar veriyor.

Çöpteki ıslak maddeler (mutfak atıkları) oksijensiz ortamda çürüyerek metan gazı salıyor.

Metan, küresel ısınmaya neden olan karbondioksitten 23 kat daha etkili bir gaz.

Bu döngünün kırılması/azaltılması senin elinde...

Nasıl hissettin?

Yaptım!

124. Söz Uçar Yazı Kalır

Günlük notlarını aklında tutmak yerine bir ajanda edin.

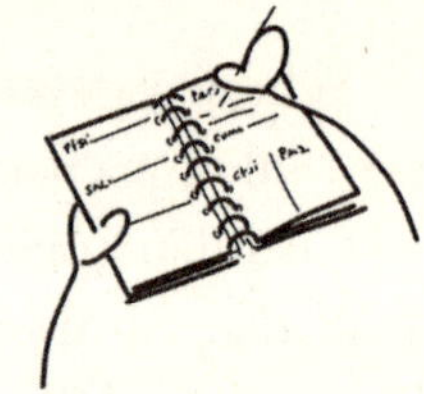

Not almak hayatını kolaylaştırır.

Düzenli ve programlı olmak stresi azaltır, üretkenliği besler, vakit kazandırır.

İşlerinle ya da hedeflerinle ilgili notlar aldığında, hem unutmazsın hem de ihtiyacın olan bilgileri hatırlamaya çalışarak hafızanı meşgul etmezsin.

Not alarak düşüncelerini kolayca organize edebilir, aksiyona geçmek için fırsatlar yaratırsın.

Fikirler aklına gelirler ve uçup giderler. Yazdığında yaratıcı düşüncelerinin uçup gitmesinin önüne geçersin.

Yazmak kalıcıdır.

Notunu aldığın işlerini önem sırasına dizebilir, hangi işi ne sürede ve verimlilikte yapabildiğini gözlemleme imkânı bulursun.

Yaptım!

Nasıl hissetti

125. İyi Düşün, İyi Olsun

Düşüncelerini değiştirerek, hayatını değiştirmeye başla.

Düşüncenin yaratımdaki gücü yadsınamaz bir gerçektir. Düşünce eylemden önce gelir. Farkındalıklı düşünce, bilinçaltını etkiler, enerjiyi değiştirir ve bu etkileşim, düşüncedeki güç ve arzunun derecesine göre eyleme dönüşür.

Düşünce gücüyle hücrelerine yayacağın enerji sayesinde hayatının yönünü değiştirebilirsin.

Evrenin sınırları yoktur, sınırlar sadece bir zihin yanılsamasıdır.

Düşünceyle sınırsız olasılıkları eyleme dönüştürebilir, istediğin her şeyi hayatına çekebilirsin.

Düşünce kalıplarımızın enerjisi, auralarımız aracılığıyla çevremize de yayılmaktadır. Aslında düşüncelerimizle sadece kendimizi değil, çevremizi de şekillendiriyoruz.

Yale Üniversitesi'nden Dr. Becca Levy tarafından yürütülen araştırmaların sonuçlarına göre olumlu düşünmenin sağlığa faydası büyük... Sürekli endişe içinde olanlarla kıyaslandığında olumlu düşünenler ve iyimserler, daha sağlıklılar ve daha geç yaşlanıyorlar.

İyiliğin Bilim Hali 114. madde

Nasıl hissettin?

Yaptım!

126. Kalp Kalbe Karşı

Sarılmak iyileştirir ve bütünleştirir. Birine sarıldığında kalbin karşındakinin sağ tarafına denk düşer, kalpler karşı karşıya gelir ve bağlantı tamamlanır.
Bugün karşılaştığın beş kişiye sıkı sıkı ve uzunca sarıl, sarıldığın herkesi başka beş kişiye daha sarılmaları için ikna et.

Bir insana sarıldığın zaman vücudun oksitosin isimli bir hormon salgılar. Bu hormon kasların güçlenmesinde ve yaş ilerledikçe ortaya çıkan kemik erimesinin önlenmesinde önemli rol oynuyor.

Kendini kötü hissettiğin zamanlarda birine sarılmanın çok iyi geldiğini deneyerek hisset. Pek çok psikolojik sorunun giderilmesi için uygulanan terapilerde sarılma eylemine sıkça yer verilir.

Sarılmanın sihirli etkisi sadece temas halindeyken değil sarılma eylemi bittikten sonra da devam eder.

Güne egzersizle başla. Kollarını iki yana aç ve birine sarıl.

Yaptım!

Nasıl hissettin

127. Uyuyan Güzel

Bugün 15 dakika erken yat.

Kaliteli uyku, sağlığın olmazsa olmaz bileşenlerinden biridir. Uykuyla tüm organ sistemleri kendini yeniler ve tazeler.

Uyku üretkenliği artırır. Zihnin irade, karar verme ve aktif inisiyatif kullanma özelliklerini kullanmasında oldukça önemli rol oynar.

Enerji seviyesinin dengelenmesi için hormonları düzenler. Bilinçaltının yeni bağlantılar kurarak ve keşifler yaparak problem çözme yeteneğini artırır.

Uyku kalitesini belirleyen en önemli etkenlerden biri de uykunun süresidir. Rapid Eye Movement (REM) olarak adlandırılan uyku döngüsü ve bu döngüler arasındaki sürenin yeterli olması için, uykuya yeterince zaman ayırmalısın.

Uykunun sağlığa olan katkılarını düşünecek olursan, uykuyu kolayca uygulayabileceğin en önemli yöntemlerden biri olarak görebilirsin. Bazen 15 dakika fazla uyumak bile yaşam kaliteni olumlu yönde etkiler.

Nasıl hissettin?

Yaptım!

128. Zihin Temizliği

Çevre temizliğine gösterdiğin duyarlılığı zihin temizliğine de göster. Duygusal çöplerinden kurtul.

Dünya her geçen gün biraz daha kirleniyor.

Doğal kaynaklarımızı bilinçsizce tüketerek doğanın kirlenmesine ve yok olmasına zemin hazırlıyoruz.

Hava kirliliği arttıkça yaşam kalitesi de azalıyor. Temiz su kaynaklarımız sanayi atıklarıyla kirleniyor. Geridönüşümsüz kullanılan her ürün çevre kirliliğini çoğaltıyor.

Maddesel çöpler kadar duygusal çöplerimiz de yaşamı fazlasıyla zorlaştırıyor.

Duygusal çöplerine yeterince hamallık ettiğini düşünüyorsan, belki artık onları sırtından indirmeye de karar verebilirsin.

Geçmişin yükünden özgürleş.

Çevre temizliğine gösterdiğin duyarlılığı zihninin temizliğine de göster. Gereksiz düşünceler, kaygılar, korkular, olasılıklarla zihnini kirletme. Geçmişi geçmişte bırak. Henüz yaşanmamış bir gelecek için kaygılanıp durmaktan vazgeç.

Zihin sağlığına değer ver.

Yaptım!

Nasıl hissettin?

129. Takım Ruhu

Takım oyunlarından hoşlanmıyor olabilirsin
ama takım ruhunun geliştirici, pozitif prensiplerinden faydalanabilirsin.
Ne de olsa toplum da kalabalık bir takım sayılabilir.

Etkin bir iletişim kabiliyeti, çıkarların örtüştürülmesi, aktif dinleme, güvenilirlik ve saygı...

Bütün bunların hepsi seni iyi bir takım üyesi yapar.

Takım içindeki ilişkilerin sağlığı doğru iletişime bağlı...

Takım içinde doğru iletişim, karşı tarafı dinlemek ve kendi taleplerinde ısrarcı olmamaktır.

İyi bir takım oyuncusu olmanın hayata yansıyan pozitif yanları da vardır.

İş hayatında takımlarla çalışmanın prensipleri, takım oyuncusu olmanın prensiplerine çok yakın...

Hepimiz bir toplumun üyesiyiz. Toplumda birey olarak yaşıyor olsak da aslında ait olduğumuz toplumun takım oyuncularıyız.

İyi bir takım oyuncusu bencil değil, paylaşımcıdır. Destekleyici, motive edici, çözüm üreticidir. İletişime ve paylaşıma açıktır.

Nasıl hissettin? **Yaptım!**

130. İlaçları Çöpe Atma, Doğayı Zehirleme

Hadi ecza dolabını düzenle ve son kullanma tarihi geçmiş ilaçların hepsini ayır. Ama unutma ilaç atıkları çöpe atılmaz.

Son kullanma tarihi geçen ilaçlar paketlenerek Belediye Sağlık İşleri'nin denetiminde ortadan kaldırılmalıdır.

Atık ilaçların çöpe atılması ya da lavaboya dökülmesi demek, içme sularına karışmaları demektir.

Özellikle çöpe atılan ilaçlar insanların ve hayvanların zehirlenmesine neden oluyor.

Tuvaletlere dökülen ilaçlar da şehir kanalizasyon sistemine, dolayısıyla arıtma tesislerinden tekrar suya, havaya ve toprağa geçerek evlerimize geri dönüyor.

Ayrıca bu atıkların havaya, suya, toprağa karışması bağışıklık sistemi, üreme sistemi ve hormonal sistemlerin ciddi düzeyde zarar görmesine yol açıyor.

Yaptım!

Nasıl hissettin?

131. Uygun Oda Sıcaklığıyla Gelen Yüksek Performans

İşyerindeki performansın biraz da ortamın sıcaklığına bağlı. Çok üşüyorsan ya da çok terliyorsan ortamın ısısına müdahale etmekte gecikme. Çünkü bu şekilde çalışmaya kendini zorlayarak, verimliliğini kaybediyorsun. Farkında olmadan stres yükleniyorsun.

Çalışma ortamının ısısı performansı etkiler. Çok üşüdüğün ya da ter içinde kaldığın bir ortamda verimli çalışman neredeyse imkânsızdır.

Her bireyin kendini rahat hissettiği ısı farklı olduğu için bir ortalaması var.

2006 yılında gerçekleştirilen araştırmalardan elde edilen ortak sonuca göre, sıcaklığın 30 ve 15 derece olduğu ortamlarda çalışan kişilerin iş performansı, 21 ve 23 derecelerde çalışanlara göre yüzde 10 daha düşük...

Nasıl hissettin? **Yaptım!**

132. Güzel Anılar Koleksiyoncusu

Profesyonel olmak zorunda değilsin ama ilgi duyduğun bir konuda objeler biriktirmeyi deneyebilir, koleksiyonculuğun hayatında fark yaratmasına fırsat verebilirsin.

Koleksiyonculuk sadece disiplin kazandırmakla kalmaz ilgilendiğin konunun derinliklerine inme cesareti de verir.

Koleksiyona katılacak yeni objenin arayışı içinde olmak umudu beslediği gibi, aranan parça bulunduğunda eşsiz bir doyum ve başarı hazzı yaşatır.

Koleksiyonerlik, hem yeni yerler keşfetmeyi hem de yeni insanlarla tanışmayı kolaylaştırır.

Amacı olan insanlar, sorunlara değil sürece ve sonuca odaklanırlar. Koleksiyonerlik, ilgini sorundan ve stresten uzaklaştıracaktır.

Unutma hayat başlı başına bir macera... Gittiğin her yerden, yaşadığın her deneyimden bir parçayı mutlu anılar koleksiyonuna katabilirsin.

Yoluna çıkan bir ağaç dalı, ayağına takılan küçük bir taş, gülümseyen bir fotoğraf ya da deniz kabukları... Biriktirdiğin yol arkadaşları, içsel yolculuğunu da zenginleştirecektir.

Yaptım!

Nasıl hissettin?

133. Zincirleme İyilik

Birini iyilik yapması için motive et.

İyilik hareketi, bir kişinin karşılık beklemeden iyilik yapması ve bu şekilde etrafındakilerin de içindeki karşılıksız iyilik yapma potansiyelini harekete geçirmesidir. Bilinen en eski kültürlerden bu yana kişiden kişiye, toplumdan topluma aktarılmış, birliği ve ahlakı koruyan, etik kuralları besleyen, yardımlaşmayı aşılayan süregelmiş kadim bir bilinçtir.

Hiç düşündün mü neden biri esneyince karşısındaki de istemsizce esner?

Ayna nöronlar karşımızdakini taklit etme dürtüsünü uyandırır ve bu otomatik olarak bizi o hareketi yapmaya iter.

İyilik de bumerang etkisi gösterir ve başkalarına dokunarak sana geri döner. Ayna nöronlar sayesinde bir bireyin iyilik hareketi diğer bir bireyin içindeki merhamet duygusunu kolaylıkla aktive eder ve böylece zincirleme bir etki olur.

"Bugün yaptığın bir iyilik yarın
hiç tanımadığın birinin gönlünde yeşerecek."

Nasıl hissettin?

Yaptım!

134. Geri Geri İlerle

Bugün 10 dakika geri geri yürümeyi dene…

Hiç geri geri yürümeyi denedin mi?

Geri geri yürümek, eski Çin'de sağlık için sıkça uygulanan bir yürüme şekli.

İlerlemeye alışkın olan bedenin, sen geri geri yürümeye başladığın zaman, sıradan olanın dışına çıkar ve çok eğlenceli bir aktiviteyle sıra dışı bir egzersiz yapmış olursun.

Rutinin dışındaki hareket tarzı zihni şaşırtarak konfor alanının dışına çıkmasını, zihnin alışılmamış olana daha açık olmasını sağlar.

Geri geri yürürken diz eklemlerinde daha az baskı olur. Topuklar yerine yere önce ayak parmakları temas eder. Pelvisin açısı düzenlenir ve omurganın eklemleri daha sağlıklı hareket eder, böylece bel ağrıları da hafifler.

Geri geri yürümek aynı zamanda uzaysal yer belirleme yeteneklerini de geliştirir, beden farkındalığını artırır, denge sistemine de olumlu katkılar sağlar.

Yaptım!

Nasıl hissettin?

135. Yeni Bir Şey Öğren

Yapmayı bilmediğin yeni bir şey öğren.
Daha önce deneyimlemediğin yeni bir şeyi deneyimle.

Yeni bir hobi edinmek, bilmediğin bir uğraşıyı öğrenmek ya da farklı bir konuda araştırmalar yapmak, beyinde daha önceden kullanılmamış olan sinir ağlarındaki elektriksel aktiviteyi artırarak zihni canlı ve taze tutar.

Yeni deneyimler edinmek, yaşamda da yeni pencereler açar, farklı bakış açıları geliştirmene destek olur, stresi azaltır, analiz gücünü ve problem çözme yeteneklerini geliştirir.

Bedensel olarak yeni bir aktivite yapmak, mesela daha önce yapmadığın bir spor dalına başlamak ya da bir müzik aleti çalmayı öğrenmek, zihinsel koordinasyonu hızlandırır ve bunamayı geciktirir.

İyiliğin Bilim Hali 201. madde

Nasıl hissettin?

Yaptım!

136. Biraz Mesafe!

Özlemek güzeldir.
Mesafeler ayırmaz, bazen birleştirir.
Kişisel zamanlarına sahip çık.
Hiçbir ilişki için kişisel zamanından fedakârlık etme.

İlişkilerde mesafelerden söz etmek korkutucu geliyor olabilir. Olumsuzluk da hissettirebilir. Oysa ilişkilerde mesafelerin yapıcı gücü vardır. Ayıran değil bir arada tutan pozitif bir etki yaratır.

Herkesin kendi kişisel zamanlarının olması, her an sürekli yan yana olmaktan çok daha verimlidir.

İlişkiler uğruna randevuları ertelemek, programları iptal etmek, hobilerden caymak, kişisel zamanlardan fedakârlık etmek uzun vadede yıkıcı tercihlerdir.

Kimse esir alındığını hissettiği, kendi gibi olamadığı, kişisel zamanlarını feda ettiği bir ilişkinin içinde huzurlu, verimli ve mutlu hissetmez.

Çiftlerin birbirini özlediği, flört coşkusunun hiç sönmediği, aşkın her an tazelendiği ilişkiler, kişisel zamanlara karşılıklı gösterilen saygıyla mümkün.

İlişkiler besleyici değilse, yıpratıcıdır.

Yaptım!

Nasıl hissettin?

137. Canlıdan Denek Olmaz

Alışveriş yaparken hayvanlar üzerinde test edilmemiş ürünleri tercih et. Yılda en az 115 milyon hayvanın hayatta kalmasına katkıda bulun.

Bazı kozmetik ürünleri ve makyaj malzemeleri hayvanlar üzerinde test ediliyor.

Yılda en az 115 milyon hayvan testlerde denek olarak kullanılıyor. İstatistikler deneye maruz kalan hayvanların yarısının ortalama 2-3 hafta içinde öldüğünü ortaya koyuyor.

Alışveriş yaparken ürünü satın almadan önce etiketini okuyarak canlılar üzerinde test edilip edilmediğini kontrol edebilirsin.

Canlılar üzerinde test edilen markaların ürünlerini satın almamak ve bunu etrafına duyurmak, hayvan dostlarımız için yapabileceğin en kahramanca ve en duyarlı aksiyon olacaktır.

Peta'nın internet sitesini ziyaret edebilir ve ürünlerini canlılar üzerinde test etmeyen markalara ulaşabilirsin.

Nasıl hissettin?

Yaptım!

138. Ufak Tefek Yardımcılar Kullan

İşyerinde zaman tasarrufu sağlamak konusunda senin de kayda değer yardımcıların olsun. Mesela, ofis araç gereçleri...

Çalışma masanı ve evraklarını düzenlemende sana yardımcı olacak ofis araçları kullan.

Zarf yığınları arasında kaldığında ve her zarfı elinle açmaya çalıştığında kaybedeceğin zamanı pratik zarf açacaklarıyla geri kazanabilirsin.

Ofis çalışanları çoğunlukla dosyalama işlerinin düzenli yapılması gerektiği konusunda hemfikirler. Ne var ki bu işlemi en kısa sürede verimli şekilde yapabilmek önemli...

Bu yüzden zımba teli çıkartıcı, kâğıt parçalayıcı gibi ofis araçları kullanmak işleri kolaylaştırır, gereksiz efor harcanmasını önler ve zaman tasarrufu sağlar.

Yaptım!

Nasıl hissettin?

139. Toprak Ana Şefkati

Ayakkabılarını çıkar, toprağa yalınayak bas.
Toprağın cömertliğini teninde hisset.

Modern yaşam toprağa duyulan özlemi perçinliyor. Yüksek katlı binalarda yaşamak, ayakkabı kullanmak, beton yollarda yürümek insanla toprak arasındaki mesafeyi giderek daha da açıyor. Günler, haftalar hatta aylar boyunca toprağa dokunmayanların sayısı hiç de göz ardı edilebilecek gibi değil.

Toprak anadan uzaklaşmak ve yabancılaşmak, fiziksel olarak sağlıklı yaşamdan, spiritüel anlamda da özden uzaklaşmaya neden oluyor.

Kadim bilgilerde ve Şamanik çalışmalarda bireyin sağlığı için topraklanması çok önemli. Tıpkı bir ütünün voltajı yükseldiğinde yüksek gerilimden sigortayı attırmaması için topraklı priz kullanıldığı gibi, ruhunda birikmiş yüksek gerilimi toprağa basarak bedeninden atmalısın.

Topraklanmak nasıl olur?

Toprak anaya doğrudan temas ederek ve anda kalarak mümkündür. Toprağa dokunmak, toprağı tende hissetmek, toprak elementinin enerjisiyle uyumlanmak içsel dünyanı olduğu kadar bedenini de şifalandırır.

İyiliğin Bilim Hali 187. madde

Nasıl hissettin? **Yaptım!**

140. Çöpleri Ayrıştır İnsanları Değil

Geridönüşüme katkıda bulun ve atıklarını ayrıştır.

Yeniden kullanılıp değerlendirilme imkânı olan atıkların çeşitli işlemlerden geçirilerek ikincil hammaddeye dönüştürülerek tekrar üretim sürecine dahil edilmesine geridönüşüm denir.

Kaynakların doğru kullanılmasını sağlayan geridönüşüm sistemiyle atık çöp miktarının azaltılması hedefleniyor. Çöpler hammadde olarak kullanılabildiğinde çevre kirliliği de önlenmiş olur.

Hurda kâğıt tekrar kâğıt imalatında kullanıldığında hava kirliliği yüzde 74-94, su kirliliği yüzde 35, su kullanımı da yüzde 45 azaltılabiliyor.

1 ton kullanılmış kâğıt geri kazanıldığında 16 çam ağacının kesilmesi önlenmiş olur.

Aynı zamanda bir çeşit ekonomik yatırım da sayılan geridönüşümle atık miktarı azaltılabilir, doğal kaynaklar korunmuş olur ve enerji tasarrufu sağlanır.

Önyargılarımızla insanları ayrıştırmayalım. Pozitif ve saygılı olmak her durumda toplumsal ayrıştırmaların önüne geçecek ve insanlar arasında sevgi dolu bir bağ kuracaktır. Asla unutma!

Çöpler ayrışır, insanlar değil...

İyiliğin Bilim Hali 39. madde

Yaptım!

Nasıl hissettin?

141. Ye, Sev, Şükret

Yemeğe başlamadan önce bu yemeğin önüne gelmesini sağlayan herkese ve her şeye teşekkür et.

Bir tohumla başladı her şey... Tohum toprağa düştü, toprağın sonsuz bereketiyle çoğaldı.

Yediğin ve içtiğin her türlü gıda için öncelikle sana karşılıksız şekilde her şeyi hediye eden doğaya, sonra bu gıdaların yetiştirilmesinde, sana ulaştırılmasında ve hazırlanmasında emeği geçen herkese teşekkür et.

Çünkü teşekkür etmek ve şükran duygusu içinde olmak, daha açık ve kabullenici bir ruh halinde olmanı sağlar, takdir duygusu tüm sistemine yayılır ve bedenindeki tüm organlar iyilik halinden olumlu etkilenir. Ayrıca şükran duygusuyla yemek, daha yavaş ve tat alarak yemeyi sağlar, fiziksel ve zihinsel doyum duygusunu artırır.

İyiliğin Bilim Hali
6. madde

Nasıl hissettin?

Yaptım!

142. Farklı Bir Deneyimle Fark Yaratmak

Rutinin dışına çık.

Bugün işe giderken her zamanki güzergâhı kullanmak yerine başka bir yoldan gitmeyi deneyebilirsin. Araçla gidiyorsan yürüyebilir, toplu taşıma araçlarını tercih edebilir ya da bisiklete binebilirsin.

Sporda uyguladığın bir program varsa, programını değiştirebilirsin. Alışveriş yaptığın markete gitmek yerine pazara çıkabilirsin. Saçını diğer tarafa yatırarak tarayabilirsin. Hiç denemediğin renklerde kıyafetler giyebilirsin.

Dişleri fırçalamak, duş yapmak, tıraş olmak, makyaj yapmak gibi rutinler, günlük işlerin yüzde kırkını oluşturur. Bu alışkanlıklar zihnin sakinliği açısından önemlidir. Ancak rutin alışkanlıkların yanı sıra farklı ve yeni şeyler denemek, konfor alanının dışına çıkmaktır. Değişimi ve adaptasyonu kolaylaştırır. Yaşamda değişiklik yapabilme gücü, yaşam keyfini artırır.

Yeni alışkanlıklar edinmek üretkenliği besler, ilişkileri iyileştirir.

Yeni alışkanlıklarla birlikte hayat da değişir.

İyiliğin Bilim Hali 14. madde

Yaptım!

Nasıl hissettin

143. Beklentim Yok Senden Başka

Beklentisizlik güçtür.
Kimden ne beklenti içinde olduğunun listesini yap.
Beklenti içinde olduğun her noktada baskılandığını fark et.
Baskılandığın noktaları fark ettiğinde,
onlardan kurtulman daha kolay...

"Beklemek, temeli bakımından acı çekmektir" der Sartre. Beklentiler üzücüdür.

Beklenti, baskıdır.

Her kimden beklenti içindeysen, onunla kendini baskılıyorsundur. Beklenti huzursuzluktur.

Karşılığı olmayan beklentilerse mutsuzluk ve hezeyanlara yol açar.

İlişkileri yıpratan faktörlerin başında beklentiler gelir.

Daha fazla anlayış, daha fazla ilgi, daha fazla romantizm, daha fazla tolerans bekliyor olabilirsin.

Ne var ki karşılanmayan beklentiler hayal kırıklığına yol açacaktır.

Beklentilerini gözden geçirmeli, beklentisiz olmayı tercih etmelisin.

Beklentisizlik, olası her sonuca daha kolay uyum sağlamayı mümkün kılar. Böylece adaptasyon ve uyum gücü de artar.

144. Balkona Yeşil Çok Yakışıyor

Senin de huzur dolu yeşil bir alanın olabilir.
Biraz emek, biraz sevgi, biraz da bilgiyle balkonunda dahi yeşil bir dünya yaratman mümkün.

Şehirde de olsan balkon bahçeciliğini geliştir. Kendi yeşilliğini kendin üret. Her yıl bir fide dik ve dünyanın sağlıklı nefes almasında senin bir fidelik emeğin olsun. Unutma ağaçlar karbondioksit ve sera gazını absorbe eder. Fidan dikmek, gelecek nesli şifalandırmak demektir.

Balkon bahçeciliğiyle yetiştirdiğin ürünleri ekmenin, biçmenin, yetiştirmenin ve yemenin keyfini çıkar.

Toprağa dokunmanın, toprakla uğraşmanın geliştirici, tamamlayıcı hazzından kendini mahrum bırakma.

Biberiye, nane, fesleğen, maydanoz gibi kokulu ve aromatik bitkilerle balkon bahçeciliğine başlayabilirsin. Bu hem kolay hem de çok zevkli olacaktır. Fideyi ekip biçmenin verdiği deneyimi yaşamak hem doğaya katkı sağlamanı hem de ruhuna yeni bir kapı açmanı sağlayacak.

Doğa derneklerinin düzenledikleri öğretici panelleri takip ederek bilgi alabilir, bu alanda kendini geliştirebilirsin.

Yaptım!

Nasıl hissettin?

145. Yapılmışı Var

Çalışma ortamında bazen bir işi yeniden yapmaya başlamak hem çok zor hem de vakit kaybı çünkü ihtiyacın olan şeyin yapılmışı zaten vardır. Aynı iş için önceden hazırlanmış her veriyi kullanmayı düşün. Bu hem yeni fikirler verir hem de zaman kazandırır.

Verimliliği artırmak için kopyala-yapıştır metodunu kullanmak bazen çok işe yarar.

Eğer bir programcıysan hazır kodlarını, eğer bir sunuş hazırlıyorsan önceki sunuşların grafiklerini, slaytlarını veya yazılarını kullanabilirsin.

Taslak ve şablonları kullanmak da çok zaman kazandıracaktır.

Şirkette bir paylaşım dosyası oluşturarak yaptığın çalışmaları diğerleriyle de paylaşman herkesin verimliliğini artırır.

Nasıl hissettin?

Yaptım!

146. Bir Alışkanlığınla Vedalaş

Bugün kendin için iyi bir şey yap ve zararlı olduğunu bildiğin bir alışkanlığını terk et. Geç yatmaktan, sağlıksız beslenmekten, saatlerce televizyon izlemekten, sosyal medyada uzun zamanlar geçirmekten vazgeçmeyi seçebilirsin.

İnsan beyni, iyi hissettiren davranışları bir ödül sistemine (reward pathway) yerleştiriyor. Buna göre kısa süreli iyilik hissi veren her eylem, beyne ödül sinyali göndererek yanılgıya yol açıyor.

Amerika Bağımlılık Tıbbı Derneği (American Society of Addiction Medicine) bağımlılığı bir beyin hastalığı olarak değerlendiriyor.

İhtimaller değişkenlik gösterse de, herkesin bu hastalığa yakalanma riski var, çünkü beyindeki ödül sistemlerinin kolaylıkla yanıltılması mümkün.

İyiliğin Bilim Hali 154. madde

Yaptım!

Nasıl hissettin?

147. Sofraya Yardım Et

Akşam yemeği için softayı kur.
Yemeğin hazırlanmasına yardım et.
Bulaşıkları makineye yerleştir.

Günümüzde ev işlerinin daha çok kadının işi olduğu fikri hâkim. Modern dünyada kadının da ekonomik hayatta yerini almasıyla ev işlerinde işbölümü gereklilik halini almıştır. Eşlerin birbirine yardımcı olması kadının üzerindeki yoğunluğu ve stresi azaltır.

UCLA'nın 2001 ve 2004 yıllarında yapılan araştırmalarına göre, evde adil bir iş dağılımı ve görev belirlenmesi yapan kişilerin uzun vadede ilişkilerinde tatmin duygusunu daha çok hissettikleri görülmüştür. Çocukların da ev işlerinde aileye yardımcı olması, daha sorumluluk sahibi olmalarını sağlamakta, pratik beceriler kazanmalarına (zaman yönetimi, yemek yapmayı öğrenmek vb.) yardımcı olmaktadır.

Hep birlikte kurulan bir sofrada paylaşılan bir yemeğin tadı daha güzel olacaktır.

Nasıl hissettin?

Yaptım!

148. Bin Bir Surat

Bugün 2 dakika boyunca kaşlarını yukarı kaldır, aşağı indir, yüzünü buruştur, gözlerini aç, dişlerini göster, çeneni sağa sola oynat ve dilini dışarı çıkar.

Yüzümüzde pek çoğu yeterince çalıştırılmayan 43 tane kas var. Oysaki, yüz kasları yaşamda kendimizi ifade etmemizi sağlayan, dış dünyaya gösterdiğimiz yönümüzü destekleyen, gün içerisinde bedenin geri kalan pek çok kısmına göre daha çok yorulan gergin kaslardır. Bu kasları kasıp gevşetmek, yüzdeki gerginliğin azalmasını sağladığı gibi, mimikleri geliştirir ve duyguların daha kolay ifade edilebilmesini sağlar.

Yüz kaslarının çalıştırılması, yaşlanmaya bağlı sarkma ve gevşemeleri önleyerek cilde daha taze ve canlı bir görünüm kazandırır. Gün içinde sadece birkaç dakika ayırarak yüz kaslarını çalıştırmak, tüm bedenin gevşemesine de yardım eder, genel ruh halini olumlu yönde etkileyerek daha etkin bir dinlenme sağlar.

Yaptım!

Nasıl hissettin?

149. Bir Kap Mama, Bir Kap Su

Sokaklarda, evlerde ve barınaklarda
yaşayan hayvan dostlarımız seni bekliyorlar.
Bugün onlarla daha fazla ilgilen.

Araştırmalara göre hayvanlarla vakit geçirmek, stresi büyük ölçüde azaltıyor.

Hayvanlarla bir arada olmak, onlara sarılmak, birlikte oyunlar oynamak, kandaki stres hormonu olan kortizolün seviyesini düşürüyor ve sakinlik veren oksitosin hormonunun seviyesini yükseltiyor. Hayvanlarla bir arada olmak depresyona da iyi geliyor.

Şartların uygunsa evcil bir hayvan evlat edinebilirsin. Hem bir ev arkadaşı edinmiş olursun hem de sevgi ihtiyacını giderirsin.

Ortamın uygun değilse ve hayvan evlat edinemiyorsan o halde en yakın zamanda bir hayvan barınağını ziyaret edebilirsin.

Hayvanlar koşulsuz sevginin nasıl yaşanacağının en güzel örnekleridir. Bir hayvanın seni ne kadar karşılıksız ve beklentisizce sevdiğini onun gözlerinde görmek, dünyalara bedel...

Nasıl hissettin?

Yaptım!

150. Tamamen Burada ve Seninleyim

O anda, tüm kalbinle ve tüm benliğinle orada ol.

Birine verebileceğin en değerli hediye, onun için orada var olmaktır.

Ailenle birlikteyken, arkadaşlarınla vakit geçirirken, çalışırken, sohbet ederken tüm varlığınla onlarla olmak hayattan keyif almanı sağlayacaktır.

Bütün ilişkilerinde tüm kalbinle ve konsantrasyonunla anın içinde, onlar için orada ol, hepsini can kulağıyla dinle. İnsanlara beklentisizce yardım et ve her ihtiyaçları olduğunda yanlarında olmaya çalış.

Bulunduğun anın içinde olmak yapılan işin, kurulan ilişkinin kalitesini artıracağından maddi ve manevi doyumu da beraberinde getirecektir.

Giderek materyalistleşen şu dünyada sevdiklerin için para harcamak yerine onlara zaman harcamak, daha güzel yarınlar inşa etmeni sağlayacaktır.

Yaptım!

Nasıl hissettin?

151. Kâğıt Tasarrufu

Bilgisayardan çıktı alırken iki kere düşün.

Mailleri yazdırmak, gereksiz ve uzun imza metinleri kullanmak, renkli kartuş tüketmek doğaya zarar veriyor.

Çıktı almak için gramajı düşük kâğıtlar kullanabilirsin. Sayfa ayarlarını yaparak kâğıt üzerindeki boşlukları azaltabilir, kâğıdın her iki yüzüne çıktı alabilirsin. Tek yüzü kullanılmış kâğıtların temiz tarafını müsvedde olarak kullanabilirsin. Fiziksel olarak dosyalamak yerine dijital olarak dosyalamayı deneyebilirsin, böylece istediğin bilgilere dilediğinde ulaşabilirsin. E-postalarını yazdırırken, içeriğini sadeleştirebilir, sadece lazım olanların çıktısını alabilirsin.

Ayrıca kâğıt atıklarını çöp yerine geridönüşüme yollamayı unutma.

Kâğıt kullanımını azaltmak için teknolojiyle sağlıklı ve verimli bir ilişki kurmayı düşünmek faydalı olabilir.

Nasıl hissettin?

Yaptım!

152. Evden Çalışmanın Avantajları

Şartlar uygunsa ofis ortamında dikkat dağıtan faktörlerden uzaklaş ve zaman zaman evden çalışarak verimliliğini artırmayı dene.

Evde çalışmak için ihtiyacın olan araç ve gereçlere sahip olman çok önemli. Verimli çalışmak isterken elini kolunu bağlamış olabilirsin.

Evde bir çalışma odası hazırlamak, lazım olabilecek ofis araçlarını burada bulundurmak işe gidip gelirken harcadığın zamandan ve yaşadığın stresten seni kurtarır. Evde çalışıyor olmak bir avantaja dönüşür.

153. Hayal Panosu

Bugün bir kırtasiyeye git ve sevdiğin renkte bir mukavva kâğıdı al. Üzerine hayallerini temsil eden resimler yapıştır, kendine bir hayal panosu yap.

Hayal panosu yapmak, yaşamında sahip olmak istediğin şeylere odaklanmanı ve her ayrıntıyı zihninde canlandırabilmeni sağlar. Ayrıca hayaline hizmet etmeyen her şeyden zihnini uzaklaştırmana yardımcı olur.

Kendin için hayal ettiğin, yaşamında deneyimlemek istediğin bir konuda niyetini belirle, sonra bu niyeti temsil eden bir resim seç ve bu resmi her an görebileceğin bir yere as. Resmi her gördüğünde gerçekleşen hayalinin mutluluğunu hisset. Arzuyu ve coşkuyu deneyimle.

İyiliğin Bilim Hali 204. madde

Nasıl hissettin?

Yaptım!

154. Çorbada Tuzun Bulunsun

Aşevlerine yiyecek ve malzeme yardımı yap.
Yemeğin pişirilmesine ve dağıtılmasına yardım et.

Sen alışverişe gidip elinde poşetlerle süpermarketten çıkarken dünyada açlık çeken kaç insan olduğunu biliyor musun?

Yaklaşık 730 milyon.

Sahip olduklarını paylaşmak istemez misin?

O halde sonraki alışverişinde kendine aldığın yiyeceklerin aynılarından birer tane daha al ve aşevlerine götür.

Yalnızca parayla yardım etmek yerine, emeğini de işin içine katmak istersen yemeğin pişirilmesine ve dağıtılmasına da yardım edebilirsin. Bu aktivite hem başkalarına faydalı olma hissini uyandıracak hem de şükretmeni sağlayacaktır.

Son yıllarda yapılan araştırmalarda yardım etmenin olumlu duyguları tetiklediği ve psikolojiye olumlu yönde etki ettiği görülmüştür. Yardımda bulunmak mutluluğu getirirken, mutlu insanların da daha çok yardımda bulunmasını destekliyor.

Amerikan Kardiyoloji Dergisi'nde yayımlanan bir çalışmaya göre şükretmek ve olumlu duygular beslemek kalp yetmezliği ve kalp hastalıklarındaki ölüm riskini azaltıyor.

Yaptım! **Nasıl hissettin**

155. Kır Bağımlılık Zincirlerini

Bugün, zararlı alışkanlıklarından birini terk et.
Mesela abur cubur yerine bir avuç doğal kuruyemiş ye.

Sana olumlu yönde hizmet etmeyen bir alışkanlığından kurtulmak istiyorsan, öncelikle bu alışkanlığı terk etmek için yeterince kararlı olmalısın. Bu alışkanlığını neden bırakmak istediğini, sana kısa ve uzun vadede neler kaybettirdiğini, alışkanlığı terk ettiğinde sende nelerin olumlu yönde değişeceğini, neler kazanacağını bir kâğıda yaz.

Zararlı alışkanlığını terk etmek için kendine gerçekçi, objektif ve yapıcı bir plan belirle. Seni bu alışkanlığa iten sebepleri bulmak ve bırakmak için uyaranlardan temizlenmiş bir ortam hazırlaman alışkanlığı terk etmende yardımcı olabilir.

Seninle aynı alışkanlıktan kurtulmaya çalışanlarla iletişime geçebilir, destek grupları bularak profesyonel yardım alabilirsin.

İyiliğin Bilim Hali 163. madde

Nasıl hissettin?

Yaptım!

156. Kültürel Deneyim

Dünya klasiklerinden bir kitap seç ve oku.
Bir operaya ya da tiyatroya bilet al.
Bir sanat galerisini gez.
Bir sanat eseri edin.

Günlük yaşam aktivitelerini yöneten sol beynin yanı sıra, sanatsal ve kültürel aktivitelerle beynin sağ bölgesi de çalıştırıldığında beynin her iki yarımküresi de işlerlik kazanır.

Mantıksal yönü yöneten sol beyin ile duygusal yönü yöneten sağ beynin koordinasyon içinde çalışması, zihin sağlığı açısından çok önemli.

Sanatsal ve kültürel faaliyetlerde bulunmak, yaratıcılığı besler. Sanatla ilgilenmek, stresi azaltır, bu yüzden rahatlatıcıdır da.

Hem dilersen sevdiğin bir dostuna, ailene ya da aşkına da bir bilet alarak onlarla güzel bir aktivite paylaşmış olabilirsin...

İyiliğin Bilim Hali 107. madde

Yaptım!

Nasıl hissettin

157. Affetmek Özgürleşmektir

Olumsuz duygular biriktirme.
Kin duygusunun hamallığını yapma.
Özgürleşmek için affedici bir adım at.

Sen dahil kimse mükemmel değil...
Herkes hata yapar.
Affedici olmak, hatayı yapandan ziyade seninle ilgili bir özgürleşmedir.
Affetmek, karşındakini değil seni iyileştirir.
Fakat unutma ki affetmek yaşanan üzüntüyü ya da deneyimi görmezden gelmek demek değildir. Deneyimin içindeki ödülü al, affet ve ilerle...

"Unutmayı seçtiğin, hatırlamamaya çalıştığın ve ödevini görmezden geldiğin her dersi yeniden almak zorunda kalırsın."

Affetmek ve geçmişin yüklerinden kurtularak özgürce, üstelik eski deneyimlerin dersini de almış olarak sevgi dolu ve cesur bir ilerleme, kendine yapabileceğin en büyük iyilik olacaktır.

"Geçmişini bugüne taşırsan asla temiz bir gelecek yaratamazsın."

Nasıl hissettin? **Yaptım!**

158. Toplu Taşıma Günü

Zorunlu olmadıkça direksiyon başına geçme.
Toplu taşıma araçlarını kullan.

Haftada bir gün toplu taşıma aracıyla işe giderek yıllık karbondioksit salınımını yaklaşık 7,5 kat azaltmış olursun. Toplu taşıma kullanmanın ekonomik, sosyal, çevresel birçok yararı vardır. Ekonomik açıdan seyahat sürelerinde azalma, park ücretinden tasarruf, istihdamda artış sağlarken, sosyal olarak daha adil ve dengeli bir ulaşım sağlanmış olur.

Toplu taşıma kullanıldığında trafik yoğunluğu azalacak, trafikte kaybedilen süre geri kazanılacaktır.

İşe gitmek için sadece haftada bir gün bile toplu taşıma kullanarak az da olsa karbondioksit salınımının azalmasına katkı sağlar, çevre ve insan sağlığını desteklemiş olursun.

Yaptım! Nasıl hissettin

159. Hedef Planı

Büyük hedeflere küçük adımlarla yaklaşılır.
Ne kadar uzak görünürse görünsün, en uzun mesafeler
küçük adımların altında erimeye mahkûmdur.

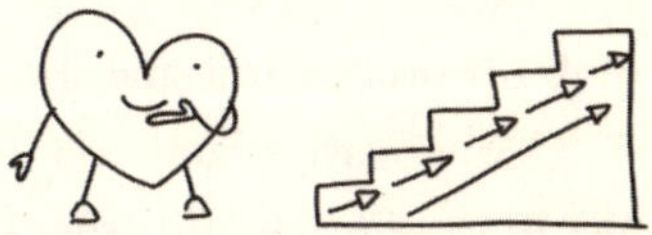

Adımlarını genişletmek yerine sağlamlaştırmayı dene...

Ulaşılmaz gibi görünen hedefler belirleyerek kendini olmayacak bir işe inandırdığını düşünerek hayal kırıklığı senaryoları yazma. Potansiyelini baltalama.

Gözünü korkutan hedeflere bakarak karamsarlığa kapılmak yerine önce yakın mesafeli hedefler belirle, bu hedefler için aksiyona geç.

Ulaştığın her küçük hedef, seni ulaşılmaz gibi görünen büyük hedefine yakınlaştırır.

Bir dağcı ufacık adımlar atan bir insanı dev dağın tepesine taşıyanın adımların büyüklüğü değil kararlılığı olduğunu bilir.

İyiliğin Bilim Hali 205. madde

Nasıl hissettin?

Yaptım!

160. Karanlığa Bir Mum Yak

Bu akşam bir mum yak ve alevine odaklan.

Mum alevini izlemenin meditatif bir etkisi vardır. Bir mum yakıp aleve odaklanmak zihnin dinginleşmesine yardım eder.

Göz yogası olarak da bilinen Tratak Meditasyonu yapabilirsin. Göz seviyende duran bir mum ışığına odaklanarak zihni dinginleştirebilir, böylece ateşin dönüştürücü gücünü içinde hissedebilirsin.

Karanlık bir ortamda kol mesafesi uzaklığında duran bir muma odaklan. Derin nefesler al ve yavaşça gözlerini kapat ve derin nefesler almaya devam et. Sonrasında gözlerini yavaşça aç ve gözlerin yaşarana kadar mum alevine gözün kırpmadan dikkatle bak. Gözlerin yaşardığında gözlerini kapat ve zihninde mum alevini imgele.

Mum alevi imgesi zihninde yok olduğunda gözlerini yine aç ve derin nefesler alıp vermeye devam et. Tratak Meditasyonu ruhsal olarak kendini dinlenmiş hissettirecektir. Hintli yogilere göre "Tratak" deneyimi görüşünü ve algını kusursuzlaştırır.

Tasavvufta şemin (mum), ilahi nura tekabül ettiği söylenir.

Yaptım! **Nasıl hissettin**

161. Neşe Saç!

Sabah ofise girdiğinde kocaman bir gülümsemeyle
arkadaşlarına günaydın de.
Güne enerjik ve neşeli başla.
Coşkunu herkese yay, neşeni bulaştır.

Hiç beklemediği bir anda sevgi ve neşe dolu bir selamlamayla karşılaşan arkadaşının yüz ifadesini tahmin edebiliyor musun?

Belki ilk başta şaşırır hatta belki garipser ama sonrasında kalbini bir sıcaklık, yüzünü bir tebessüm kaplar ve gülümser.

Sonra belki o da gülümsemesiyle başka bir arkadaşını güldürür ve neşe bulaşır.

Neşeyi bulaştırırken kişi şifa dağıtmış olur, arkadaşını hastalıklardan korur.

Her sabah vitamin niyetine gülümse...

Çünkü gülümsemek bağışıklık sistemini kuvvetlendirir ve hastalıklara karşı vücudun direncini artırır. Ayrıca kan akışını dengeler ve kalp-damar sistemini korur.

Nasıl hissettin?

Yaptım!

162. Hayvansal Gıdaya Mola

Bugün, protein ihtiyacını bakliyat, tam tahıl, tohum ve kuruyemiş gibi bitkisel protein kaynaklarıyla karşıla.

Son zamanlarda hayvansal gıdaların içerisindeki bazı maddelerin bağışıklık sistemini fazladan uyararak vücutta inflamasyona yol açtığı ve hastalıklara zemin hazırladığı yolunda ortaya çıkan yeni bilgiler, tıp otoriteleri tarafından etraflıca tartışılıyor.

Bitkisel gıdalardan elde edilen proteinlerin de bedenin ihtiyaçlarını güvenle ve yeterince karşılayabildiği konusunda yapılan araştırmaların sayısı günden güne çoğalıyor.

Bitkisel gıdaları sağlıklı ve dengeli beslenme açısından önemli yapıtaşları arasında gören uzmanlar da az değil.

Bitkisel proteinler kilo kontrolüne yardım eder, kalp-damar sistemi hastalıklarında ve diyabette olumlu sonuçlar verir.

Yoğun miktarda et ve hayvansal gıda tüketmek sadece bedensel sağlık açısından değil, çevre sağlığı yönünden de zorlayıcıdır. Tabağına gelen iki parça biftek için 7500 litre su harcanırken yarım kilo patates için sadece 132 litre harcanır.

Yaptım!

Nasıl hissettin

163. Önceliklerini Belirle

Senin için önemli bir konuda önceliğini belirle ve bir adım at.

Öncelikleri belirlemek, büyük resmi daha rahat görebilmemiz açısından çok önemlidir, önem arz eden veya aciliyeti bulunan durumların ön plana getirilmesi ve etkin bir şekilde değerlendirilmesini kolaylaştırdığı gibi, önem sırasında daha gerilerde bulunan işler için isteksizce ve gereksiz yere harcanan efor ve zaman kaybının önüne geçer, beklemeye alınan yükümlülüklerin yarattığı baskı ve suçluluk duygusu azaltılmış olur. Öncelikleri belirlemek, kişisel sınırların korunmasına yardım eder, öz disiplini güçlendirir, motivasyonu ve kararlılığı artırır; bu da mutluluk ve özsaygıya katkı sağlar.

Bir kâğıda önceliklerini yazarak senin için önem sırasını belirleyebilir, istediğin şekilde düzenleyebilir, bu konuda bir planlama yaparak verdiği stres yükünü azaltabilirsin.

Nasıl hissettin?

Yaptım!

164. Aradığınız Kişiye "Ulaşılabiliyor"

Her zaman iletişime açık ol, kendini kapatma, ulaşılabilir ol.

Herkes için orada olduğun gibi, başkalarının da senin için orada olabilmelerine izin ver.

İletişime açık olmak, konu ne olursa olsun yardım alabilmeni sağlar, sevdiklerinin senin yanında durmalarına fırsat ver.

İnsanlara yardım etmek kadar yardım almayı bilmek de gerekir.

Unutma ki herkesin başkasının desteğine ihtiyacı olabilir.

Zaman zaman da olsa başkalarının desteğini almak ya da yardımını istemek doğaldır.

Başkalarının da senin için bir şey yapmalarına izin ver.

Bırak sana sevgilerini göstersinler. İhtiyaç duymadığında bile seni sevenlerin ilgilerini ve sevgilerini sana sunmalarına fırsat ver.

Unutma ki sevilmek kadar sevmek de bir ihtiyaç.

Sadece almak ya da sadece vermek dengeyi bozar, mutsuz kılar ve hayal kırıklıklarına neden olur.

Değerli olan dengedir.

Almak ve vermek dengesini sağlıklı kur.

Başkalarının da senin için bir şeyler yapmalarına fırsat ver.

Yaptım!

Nasıl hissettin

165. Otomobil Ayarlarına Dikkat

Trafiğe çıkan araçların gaz ve emisyon salınımlarını düzenli şekilde kontrol ettirmek çevre kirliliğini azaltır.

Emisyon ölçümü, trafikteki araçların egzozlarından çıkan gazlar nedeniyle meydana gelen hava kirliliğini önlemek ve zararlı etkilerinin çevreyi kirletmesini önlemek için yapılan ölçümlerdir.

Araçlar ne kadar çevre dostu olursa olsun yine de doğaya bir miktar zararlı gaz salarlar. Emisyon ölçümleri zararlı gazları belirli bir sınırın altında tutmayı amaçlar.

Aracının emisyon testini yaptırmak için bir araç muayene istasyonuna düzenli olarak gitmen yeterlidir.

Nasıl hissettin?

Yaptım!

166. Başarını Kutla

Kendinin patronu sensin.
Bunu hiç unutma...
Hangi kurum için çalışıyor olursan ol
önce kendin için başardığını bil.
Bu yüzden her başarını kutla.
Kendine kocaman bir alkış!

Hedeflerine doğru adım adım yürüdüğün kariyer yolculuğun boyunca motivasyonunu artıracak ödül sistemleri yarat.

Küçük de olsa başardığın bir işte kendini takdir etmen özsaygını kuvvetlendirir. Bu şekilde motive ettiğin zihnin sana yeni kapılar açacaktır.

Her günün sonunda aynaya bak ve harikalar yaratan seni kutla. “Bütün çözümler sende ve ben sana inanıyorum” de aynadaki yüzüne.

Başarılarını takdir et. Böylece sadece kariyerini değil tüm hayatını olumlu yönde etkileyecek çok değerli bir adım atmış olursun.

Yaptım!

Nasıl hissettin

167. Suyunu Sev

İçtiğin suyu güzel sözlerinle ve sevginle şifalandır,
suya sevgini ver ki ondan da sevgi alabilesin.

Ünlü bilim adamı Dr. Masaru Emoto'nun laboratuvarında donmuş su kristalleriyle yaptığı çalışmalar suyun olumlu ya da olumsuz tüm bilgiyi hafızasına kaydettiğini ortaya koyuyor. Yani suyun bir hafızası var. Su aldığı bilgiye göre tepki veriyor.

Bedenimizin yüzde 70'i sudan oluşur. En önemli yaşamsal faktörlerden biri olan kan, suyun içinde yüzen kan hücrelerinden oluşur. Su, bedenimizin tüm hücreleri arasındaki iletişimi de sağlar.

Dolayısıyla içtiğin suyla kendine sevgi verebilirsin. Su dolu bir bardağı iki elinin arasında tut ve kalbinden akan sevginin kollarından geçerek elindeki bardakta bekleyen suya dolduğunu hayal et. Suya birkaç kez "Seni seviyorum" de. Suyun bütün moleküllerinin sevgi sözleriyle değiştiğini, şifalandığını hisset. Sonra suyu sevgiyi hissederek iç ve suya sana sevgiyi geri verdiği için teşekkür et.

İyiliğin Bilim Hali
96. madde

Nasıl hissettin?

Yaptım!

168. Hayaller Gerçek Olsun

Birinin hayallerini gerçekleştirmesine yardım et, ihtiyacı olan kaynakları bulabilmesi için yol göster, amacına ulaşması yolunda onu cesaretlendir.

"Hayal ettiğiniz her şey gerçektir" der Pablo Picasso...

Elimizden bırakamadığımız telefonumuz, sosyal medya, video oyunları, televizyon dizileri hayatımızın öyle geniş bir kısmını kaplıyor ki bize sunulan en büyük nimet olan hayal gücünü bile unutuyoruz.

Aslında her hayalin gerçekleşmesi hayal etmekten geçer değil mi?

Çocukken mesela hayali arkadaşlarımız olurdu. İzlediğimiz filmdeki karakterlere bürünürdük. Bir gün Süpermen olurduk, bir gün Ninja Kaplumbağa. Her gün başka kimlikte, başka yerde, başka bir hayal yaşardık.

Artık yetişkiniz.

İyi haber!

Hayallerin hâlâ yaratıcı olabilir ve hayallerine ulaşma potansiyelin şimdi daha fazla...

O halde şimdi bir günlük al, düşüncelerini, en sıra dışı hayalini, en büyük dileğini yaz. Sonra gerçek olduğunu hayal etmeye başla.

Sonuç?

Hayalin gerçekliğin olur.

Yaptım!

Nasıl hissettin?

169. Ayaklar Yukarı, Stres Aşağı

10 dakika boyunca ayaklarını yukarı kaldır.

Uyanık olmadığın zamanlarda ya ayakta duruyorsun ya da oturuyorsun değil mi? Bu demek oluyor ki ayakların bedenine göre çoğunlukla aşağıda duruyor. Oturur pozisyondayken dolaşım etkilenebiliyor, bacaklara yeteri kadar kan pompalanamayabiliyor, toplardamarlar aracılığıyla geri dönen kirli kan rahatça taşınamıyor, lenfatik sistem fonksiyonunu rahatça yerine getiremediği için bacaklarda biriken lenfatik sıvı ödeme yol açabiliyor.

Bacaklardaki dolaşım problemlerini engellemek için, gün içerisinde fırsat buldukça ayaklarının altına bir yükselti koyarak uzatmak ya da mümkünse yatay pozisyondan biraz daha yukarıya kaldırmak, dolaşımı rahatlatan güzel bir çözüm...

Ayakların yukarı kaldırılması, aynı zamanda beyne ve bedene aktif dinlenme mesajı gönderir. Stresi azaltır, bedeni rahatlatır. Gün boyu aynı pozisyonda kalan kasların gevşemesine fırsat verir. Ayrıca bu pozisyon, etrafında olan biteni farklı bir açıdan görmeni ve detaylı şekilde değerlendirmeni sağlar.

Nasıl hissettin?

Yaptım!

170. Hafızanı Güçlendir

En son kendini mutlu hissettiğin
bir olayın detaylarını hatırlamaya çalış.

Beyin, çeşitli fonksiyonlara sahip milyonlarca hücreden oluşuyor. Bu hücreler her an edindiğimiz hayat deneyimlerinin kayıtlarını özenle tutuyor ve bu olayları geçmişte olan diğer olaylarla ilintilendirerek yeni sinir yolu bağlantıları kuruyor. İhtiyacın olduğunda veya canın istediğinde bu sinir yolu bağlantıları aracılığıyla hatırlamak istediğin şey, hafızanda canlanıveriyor!

Hafıza da bedenimizdeki kaslar gibi çalıştırılması gereken bir özelliğimizdir, hafızanın canlı, sağlıklı ve dengeli bir şekilde en yüksek performansla çalışması, beyin ve zihin sağlığıyla yakından ilişkilidir. Hafızayı güçlü ve canlı tutmak için yapılan egzersizler, genel olarak mutluluğu artırdığı gibi, uzun vadede bunama ve depresyon gibi hastalıkların gelişimini de engeller.

Yaptım!

Nasıl hissettin?

171. Ya "Hayır" Derse?

Reddedilmekten korkma.
Evet böyle bir ihtimal var ama unutma ki
Reddedilmeme ihtimali de var!
Korkuların yüzünden bu ihtimali de mi kaçıracaksın yoksa?

Reddedilme korkunun üzerine git. Unutma ki reddedilmeme ihtimalin de var.

Ya "hayır" derse diye endişe etmek yerine "evet" diyebilir ihtimaline odaklanmak hem daha motive edici hem de daha mantıklı değil mi?

Reddedilmek için değil, "evet" cevabını duymak için aksiyona geç.

"Hayır" cevabını almak sana bir şey kaybettirmez. Zira henüz kazanmış değilsin ki kaybedesin. Ama "evet" cevabı kazandırır.

O halde kaybedecek bir şey yok ama kazanma ihtimali var.

Seçim senin...

"Kendini hapishanede yaşamaya mahkûm ettiğin yer korkularındır."

Nasıl hissettin?

Yaptım!

172. Isıyı Kaybetme

Kış aylarında ısı ve enerji kaybına yol açmamak için, pencere ve kapı aralıklarının yalıtımını ihmal etme.

Evlerde ve işyerlerinde kış aylarında enerji tasarrufu yapmanın ve ısı kayıplarını önlemenin en kolay yollarından biri var olan ısıdan faydalanmaktır. Evinin ve işyerinin kapı ve pencere aralıklarını kontrol ederek yalıtımlarını kendin de yapabilirsin.

Pencerelerin ahşap çerçeveliyse cam kenarlarını tamamen macunlayarak sabitleyebilir, böylece hava akımını önleyebilirsin.

İzolasyon bantları kullanarak da kapılarını ve pencerelerini kapatabilir, boşlukları izole edebilirsin. Böylece dışarıdan gelen soğuk havanın içeriye girmesini engelleyerek iç alandaki ısıyı faydaya dönüştürebilirsin. Enerji kaynaklarını verimli kullanarak çevre sağlığına emek verebilirsin.

Yaptım!

Nasıl hissettin?

173. Teknolojinin Mimikleri Yok

İş dünyası artık teknolojiyle iletişim kuruyor.
Yazışmalar, mailler, toplantı talepleri, sunumlar,
teklifler hep elektronik ortamda.
Oysa insan, makinelerden daha iş bitiricidir.
Güven veren bir tebessümle, güçlü bir tokalaşmayla, özgüvenli bir sesle maillerin yapamayacağı çok şeyi başarabileceğini hatırla.

Teknolojinin mimikleri yok ama senin var!

Mümkün olduğu sürece yüz yüze iletişim kurmaya çalış.

İnsanları derinden etkilemek ve kendini daha iyi ifade edebilmek için yüz yüze iletişim kurmanın sağlayacağı faydalar çok daha büyük.

Günümüzün iş dünyasında teknoloji aracılığıyla iletişim sağlanmaya çalışılıyor. E-postalar veya iletilen mesajlar ne kadar samimi ve düzgün yazılmış olursa olsun içerdiği duyguyu tam olarak ifade edemeyebilir.

Yazışmaların çok zaman yanlış algılamalara yol açtığı da sıkça karşılaşılan sorunlardan biri. Bu yüzden yüz yüze iletişimin gücünden faydalanmayı tercih et.

Nasıl hissettin?

Yaptım!

174 . Semavi Duruş

Yaşam felsefende semavi bir duruş benimse…
Bugünden itibaren sufizmi doğru kaynaklardan inceleyip araştır.

Sufizm, derinlerdeki kimliğimizi keşfetmek ve onu özümsemek için tercih edilebilecek bir yaşam yoludur. Bu yol varoluştaki tüm kaynaklarla ahenk içerisinde yaşamayı öğretir.

Sufizmde illüzyon dünyası olarak betimlenen dünyevi benlik ile ruhani parçamızı birleştiren sema törenlerindeki köprü olabilme halini hayatına taşıyabilir, evrenin sana verdiklerini kendi ruhunun simyasıyla birleştirerek bu dünyaya indirebilmenin huzurunu yaşayabilirsin.

Sema törenlerinde mistik anlamlar taşıyan öğeler vardır. Semazenlerin gezegen olduğu sembolizmi kullanılır, sema yapılan yerin yuvarlak olması da dünyayı temsil eder.

Sağ elin yukarı, sol elin yere bakması sağ elle yaratıcı güçten enerjiyi alıp sol elle bu enerjinin yeryüzündeki yaratılanlara indirilmesi anlatılır.

Bir ayağın yerde sabit ve güçlü basması, bedenin toprak anayla ayrılmaz bütünlüğünü temsil ederken, diğer ayağın hareketli hali esnekliği ve uyumu temsil eder.

Yaptım!

Nasıl hissettin?

175. Organ Bağışı Yap

Organ bağışlayıcısı olmak için başvur.

Organ nakli bekleyen hasta sayısı her geçen yıl giderek artıyor. Ne demiş Necip Fazıl Kısakürek: "Aldığımız nefesi bile geri veriyorsak, hiçbir şey bizim değil."

O halde organlarımızı bu kadar sahiplenmenin anlamı ne?

Hiçbir şeyin bize ait olmadığı bu dünyayı terk ederken bırakalım da gözlerimiz dünyayı görmeye devam etsin, kulaklarımız sesleri duymaya devam etsin, karaciğerimiz bir başkasının vücut ısısını düzenlesin.

Araştırmalara göre yardımlaşma sosyal bağları güçlendirdiği için bizim de ruhsal sağlığımızı olumlu etkiliyor.

Yardımlaşma ilişki bağlarımızı güçlendiriyor. Yardım duygusunun verdiği mutluluk ve başkalarıyla kurduğumuz iletişimin sağlığımız üzerinde büyük etkileri var.

Organ bağışı yaşama duyulan saygının ifadesidir.

Unutma ki...

Dünyanın malı dünyada kalacak...

Ardında bıraktığın şeyler nasıl bir hayat sürdüğünü gösterir.

Hiç tanımadığın birine yepyeni bir hayat hediye edebilirsin.

Organ bağışı için "İyilik Bebekleri" projesini inceleyebilir ve bu konuda üzerine düşeni yapabilirsin.

Nasıl hissettin? **Yaptım!**

176. Kendi Manavını Kendin Yap

Balkonunda küçük bir saksıda sevdiğin sebzeleri yetiştir.

Balkon sebzeciliği/meyveciliği giderek yaygınlaşıyor.

Saksıda meyve sebze yetiştirmek, sulamak ve gereken ilgiyi göstermek doğaya yakınlığı korumak, toprağın büyüleyici verimliliğine şahit olmak ve sevgi göstermek hem stresi azaltır, hem zihinsel dengeyi korumayı kolaylaştırır, hem de sorumluluk almaya yardımcı olur. Ayrıca balkondaki bitkilerle ilgilenirken hareket eder ve keyifli bir aktivite sayesinde egzersiz yapmış olursun.

Balkonda meyve sebze yetiştirerek canın her çektiğinde dalından yeni kopmuş taze yeşilliklerin keyfine varabilir, istediğin an kendine lezzetli yemekler ve meyve salataları hazırlayabilirsin. Yediğini üretmenin verdiği keyif ve doğal yetişmiş bir gıda tüketiyor olmanın verdiği huzurla sadece bedenini değil, ruhunu da tazelikle beslersin.

Balkonunda saksıda yetiştirebileceğin değişik meyve ve sebzeler konusunda internetten bilgi edinebilir, küçük bir saksı toprak ve birkaç tohumla sen de kendi minik bahçeni yaratabilirsin.

Yaptım!

Nasıl hissettin

177. Kendini Ödüllendir

Yapmaktan çekindiğin ya da erteleyip durduğun bir işi sonlandırmak için bir plan yap ve işi tamamladığında kendini ödüllendir.

Yapılan araştırmalar gösteriyor ki kendini ödüllendiren kişilerin özgüvenleri ve motivasyonları diğerlerine göre daha güçlü. Kendini ödüllendirme, motivasyonu artırarak hedeflenen sonuca daha konsantre bir şekilde ve daha verimli yöntemlerle ulaşmayı sağlıyor. Sonuca gidilen süreci hızlandırıyor ve kişisel tatmin duygusunu da destekliyor. Kendini ödüllendiren kişiler, kendilerini daha enerjik ve daha mutlu hissediyorlar. Ödüllendirme ayrıca tükenmişlik hissini de engelliyor, sürekli ertelemeden kaynaklanan stresin ve gereksiz yüklerin sebep olduğu baskıyı ortadan kaldırarak yaşamı daha keyifli kılıyor.

Karakterin gelişmesi ve özsaygının korunması açısından ödüllendirme mekanizması çok değerli... Kendini ödüllendirmek için bulduğun her fırsatı değerlendir.

İyiliğin Bilim Hali 206. madde

Nasıl hissettin?

Yaptım!

178. Komiklikler, Şakalar

Gülmek için fırsatların oluşmasını bekleme.
O fırsatlar hiç oluşmayabilir.
Gülümsemek için harekete geç.
Komikliklerin, şakaların peşinden git.

Şaka yapmak ciddi bir iştir, şakaya gelmez!

Hayatın her alanında ve ilişkilerde mizahın birleştirici ve bulaşıcı gücü yadsınamaz.

Mizah, gergin ortamların havasını sihirli bir dokunuşla bir anda değiştirir. İlişkiler arasındaki bağı kuvvetlendirir.

Komiklikler, şakalar birer kolaylaştırıcıdır.

Hem keyif verir hem de çözüm bulma fırsatı tanır.

Gülmek aynı zamanda iyileştiricidir de.

Kahkahalar atarak iyileşmek varken, işi yokuşa sürmenin ne anlamı var ama değil mi?

Gülmek için fırsatların oluşmasını bekleme. O fırsatlar hiçbir zaman oluşmayabilir. Bunun için sen harekete geç. Komiklikle-rin, şakaların peşinden git.

İnternetten eğlenceli videolar izle, komedi filmine git, komik kitaplar oku, esprili insanlarla buluş...

Yapacak daha iyi bir işin yoksa, gülümsemeyi dene...

"Her insan gülümsemeyi hak eder. Eğer karşındakinin suratında gülümseme eksikse ona kendininkini hediye et."

Yaptım!

Nasıl hissettin?

179. Ekolojik Paylaşımlar

Sosyal medyada ekolojik aksiyonlarını dostlarınla paylaş.

Gelişen yeni iletişim teknolojileri sayesinde sınırların ortadan kalkması, internetin hayatımızda geniş bir yer tutması, iletişim alışkanlıklarımızın da değişmesine neden oldu.

Online iletişime fırsat veren sosyal medya, vazgeçilmez bir iletişim aracı haline geldi.

Sen sosyal medya kullanıyorsan ekolojik sağlık adına yapacağın küçük bir aksiyonu mutlaka paylaşmalısın. Böylece başkalarına hem iyi bir örnek hem de ilham olursun. Ekolojik sağlık adına farkındalığın artmasına destek verirsin.

Örneğin çöplerini ayırarak depoladığını, kullanmadığın kıyafetlerini bağışladığını, musluğunu tamir ettirdiğini, kapı ve pencerelerini izole ettirdiğini sosyal medyanda paylaşabilir, bir farkındalık yaratabilirsin.

Farklı coğrafyalarda yaşayan her yaştan insana bu aksiyonunla ulaşabilir, onlara feyiz verebilirsin.

Ekolojik sağlık yolunda yaptığın bir aksiyonunu çek ve sosyal medyanda paylaş. Doğa sorumluluğu adına bütün yaptıklarınla takipçilerini özendir!

İyiliğin Bilim Hali 16. madde

Nasıl hissettin?

Yaptım!

180. Verimsiz Saatlerini Dönüştür

Gün içinde veriminin düştüğü saatleri izle.
Bedenin sana ihtiyacın olan şeyi zaten söyler.
Kendini boşluğa bırakmak yerine verimsizliğini faydaya dönüştürebileceğin alanlar yarat.

Her çalışanın gün içinde daha verimsiz olduğu zaman dilimleri vardır.

Örneğin pek çok çalışan, yemek molasından sonraki bir iki saat içinde işlerine konsantre olamamaktan şikâyetçi...

İşe yeniden konsantre olamamak durumunda hata yapma riskinin yükseldiği yapılan araştırmalarla saptanmıştır.

Verimsiz olduğun zaman dilimlerinde maillerini kontrol edebilir ya da daha az enerji sarf edeceğin bir işle meşgul olabilirsin. Böylece hem yeniden konsantre olabilmek için antrenman yapıyor olursun, hem de ufak tefek gibi göründüğü halde vakit alan işleri çözümlersin.

Vücudunun verdiği sinyalleri önemsemen, günün diğer saatlerinde yüksek motivasyonla çalışmanı sağlar. Önemli olan kendi verimlilik saatlerini kendinin biliyor olman ve bunun için çözüm yolları bulman.

Yaptım! **Nasıl hissettin?**

181. Mandala Desenlerindeki İlham

Mandalanın döngüsel yolculuğunu içsel yolculuğuna dahil et.

Sanskritçe bir kelime olan Mandala'nın geçmişi 40 bin yıl öncesine dayanır. Manyetik çekim gücü olduğuna inanılan dairesel çizimler dilekleri gerçekleştireceğine duyulan inançla çizilerek renklendirilmiştir. Budizm inanışlarına göre Mandalalar evrenin kutsallığını tasvir eden ve içsel potansiyelin kutsallığını hatırlatan çizimlerdir. Bir nevi tılsım görevi yaptıkları da söylenebilir.

"Manda" enerji anlamına gelir, "la" ise kap demektir. Mandalalar enerjileri içinde tutan kaplardır. Mandalalar ayrıca yaratıcı olan sağ beyinle, analitik olan sol beyinden gelir.

Meditasyon amacıyla da yapılan bu çalışmalarda her desenin, her sembolün bir manası vardır.

Nasıl hissettin? **Yaptım!**

182. İsraf Etme Yardım Et

Yemeğini küçük porsiyonlar halinde ye.
Doymadığında gidip daha fazla yemek alma hakkın var.
Alışveriş yaparken daha akıllı davran, daha az al,
böylece her zaman taze yiyecekler ye.
Kalan yemeği atma, ertesi günkü yemekte kullan
ya da sokakta yaşayan dostlara ulaştır.

Halk pazarlarında yılda 25 milyon liralık meyve ve sebze israfı gerçekleşiyor.

Her yıl üretilen 44 milyar ekmekten 4 milyarı çöpe gidiyor. Birleşmiş Milletler Tarım ve Gıda Örgütü verilerine göre dünyada her yıl 1,3 milyar ton gıda çöpe atılıyor.

Gıda israfı demek, para, emek, enerji, su ve toprak kaynaklarının israfı demektir.

İsraf edilen gıdanın sadece dörtte biri dünyada açlık çeken 795 milyon insanı doyuracaktır.

Gelişmiş ülkelerdeki gıda israfının nedeni bilinçli tüketim alışkanlığının olmamasıdır. Dünyadaki açlığı tek başımıza sona erdirmek mümkün olmasa da en azından kendimizin ve etrafımızdakilerin tüketim alışkanlıklarını düzeltmenin yollarını araştırmak önemli bir başlangıç olabilir.

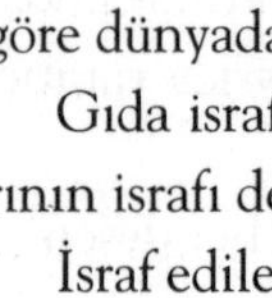

Yaptım! **Nasıl hissettin?**

183. Uyku Boş Mide Sever

Akşam yemeğini erken ye.

Beden uykuya geçtiğinde, kendini yenilemek için pek çok sistemi harekete geçirir: Gün boyu yorulan kaslar dinlenirken enerji metabolizması sayesinde bedende ortaya çıkan atık ürünler toplanır, fonksiyonunu yitiren ya da işlevi bozulan dokuların tamiratı başlar, bağışıklık sistemi harekete geçer ve tüm sistemler iç kontrollerini yaparak eksiklerini tamamlar.

Akşam yemeği için geç bir saatte ağır bir öğün yediğinde bedenin yenilenme işlevi için kullanılacak olan enerji, sindirmeye yönlenecektir. Sindirim işlemi bitmeden uyumak, hazımsızlık ve reflü şikâyetlerine yol açacağı gibi uykuya geçmekte de güçlük yaşatabilir. Akşam öğünü gecikmeden ve hafif yendiğinde uykudan evvel sindirim gerçekleşmiş olur. Böylece gece iyi uyursun ve ertesi gün enerjin yüksek uyanırsın.

Karnın aç uyanacağın için güzel bir kahvaltıyla güne neşeyle başlayabilirsin.

Nasıl hissettin? Yaptım!

184. Profesyonel Destek

Çözemediğin sorunların için profesyonel destek almaktan çekinme. Bazen sevdiklerinden yardım alıyor olmak durumu iyileştirmeye yetmiyor olabilir. Bir başına ya da sevdiklerinle birlikte aşamadığın her sorun için profesyonel destek almaya karar verebilir ve bunun için derhal aksiyona geçebilirsin.

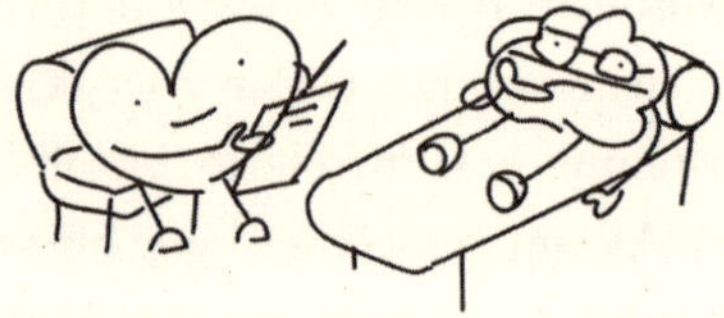

Konuyla ilgili kaynakları araştır. Seninle benzer sorunlar yaşamış insanların başvurduğu psikolojik yardım gruplarını ve sosyal yardımlaşma kurumlarının faaliyetlerini incele. Bu konuda bakış açını değiştirebilecek eğitimleri-çalışmaları araştır. Uygun bulduğun bir tanesiyle iletişime geç. Adım at...

Yaptım!

Nasıl hissettir

185. Sınırlar

Kişisel sınırlarını belirle.
Kimsenin özel alanını ihlal etmeye hakkın yok.
Çok sevdiklerinin bile.

Herkesin bir varlık alanı var. Kimsenin kişisel sınırlarını ihlal etmeye hakkın yok. Başkalarının kişisel alanına saygı göstermeli, ihlal etmekten kaçınmalısın.

Sınırlar, her ne kadar ayrıştırıcı gibi görünse de sağlıklı ilişkilerin ve iletişimin olmazsa olmazıdır.

Sınırlarını korumakla sorumlusun. Kimsenin özel alanına girmesine izin verme. Yapmak istemediği şeyleri yapmak zorunda kalanlar "hayır" diyemeyenler, dolayısıyla kişisel sınırlarını korumayı başaramayanlardır.

Başkalarının seni yönetmesine, yönlendirmesine ve değiştirmeye çalışmasına fırsat vermemek, kişisel alanına gösterdiğin saygıyla ilgili...

Sen de başkalarının sınırlarına saygı duymayı hatırla ve kimseyi hiçbir şeye zorlama. Sana "hayır" diyemediği için birinin kişisel sınırlarını ihlal etme cüretini gösterme.

Nasıl hissettin? Yaptım!

186. Biri "Çöp" mü Dedi?

Hadi bugünü çöp toplama günü ilan et.
Sokakları, parkları, kumsalı, ormanı dolaşarak
kendi kişisel temizlik hareketini başlat.

Her yıl yaklaşık 8 milyon tona yakın çöp okyanuslara karışıyor. Çöpler doğal yaşamı etkilediği gibi, kumsalları da kirletiyor. Yerel yönetimler çöplerin toplanması için ayrıca bütçe ayırmak zorunda kalıyor.

Doğada çözünmeyen plastiklerin yüzlerce yılda küçük parçalara ayrılması sonucunda artık deniz tuzunda da balıkta da ve diğer deniz ürünlerinde de plastik kalıntılarına rastlanır hale geldi.

Dünyadaki su kirliliğinin yaklaşık yüzde 80'i çöplerden sızan sular yüzünden kaynaklanıyor.

Etrafındaki insanların bilincini artırmak ve onlara örnek olmak için herkesi gönüllü olarak çöp toplamaya davet edebilirsin.

Yaptım!

Nasıl hissettir

187. Yemek Saati Ofiste İşin Ne?

Öğlen saatlerindeki yemek molasını çalışma masanın başında geçirme. Yemek istemiyorsan bile dışarı çık, güneşi hisset, birkaç adım yürü. Pek sohbet etmediğin bir arkadaşına eşlik et.

Molalarda yemeğe çıkmak, yürümek, dışarıda hava almak, gün ışığını hissetmek hem vücut hem de zihin sağlığı açısından çok önemli.

Gününün çoğunu geçirdiğin çalışma masandan uşaklaşman, bir süre için işini ve yapacaklarını düşünmeden başka bir ortamda iyi vakit geçirmen, zihnini boşaltman hem iş performansını hem de ruh halini iyileştirecektir.

Nasıl hissettin? **Yaptım!**

188. Vipassana

Bugün bir saat boyunca Vipassana yapmayı deneyebilirsin.

Gerçeği olduğu gibi kabul etmek olarak adlandırılan Vipassana, eski bir Budizm öğretisidir. Buda Gotama tarafından ortaya konan bu öğretinin kökleri 2500 yıl öncesine dayanır. Vipassana meditasyon tekniği insanın içsel yolculuğunda ilerlemesine engel olan bağlarından kurtulmasını ve hayatın her alanında bütünsel olarak yükselmesini sağlar. Ruhunda barış ve dengeyi sağlarken, zihnini acı duygusundan özgürleştirir.

Vipassana kendi kendini dürüstçe ve yargısızca gözlemlemektir. Beden ve zihin arasındaki bağa odaklanarak kendini koşullandırdığın duyguların farkına varma prensibine dayanır.

İlk adımı, bütün uyarıcılardan uzaklaşmaktır. Kol saatini, tabletini, telefonunu, kitabını, değerli takılarını, cüzdanını, çantanı her şeyini başka bir odada bırakıp, sessizliğe gömülerek vipassana yapmaya başlayabilirsin.

Sonrasında nefesine yoğunlaştırıp zihni sakinleştirir. Vipassana uygulamasıyla bedeninden ve etrafından aldığın duyuları gözlemler, duyulara tepkisiz kalabilmeyi denersin.

Son aşamasında şefkatli, sevgi dolu ve tüm varoluş için en iyi niyette olmayı hedefleyen bir meditasyonla Vipassana çalışmasını sonlandırabilirsin.

Yaptım!

Nasıl hissettin

189. Benimle Dans Eder misin?

Dans iyileştirici etkisi tüm kültürlerde kullanılan bir terapi ve sanat dalıdır. Gittiğin bir partide gördüğün en sessiz kişiye şunu sor: "Benimle dans eder misin?"

Dans etmek, içindeki enerjiyi göstermenin en iyi yoludur. Dansın, hem bedensel hem de zihinsel faydaları vardır. Dans ederken, bedenin, beynin ve bilincin eşsiz uyumu söz konusudur.

Biriyle dans ettiğinde, onunla bir ritim eşliğinde tek olmuşsundur. Senden ona, ondan sana akan bir enerji ve ahenkle yol alıyorsunuzdur.

Dans sihirli bir değnek gibidir. Değiştirir, dönüştürür...

Özgür bırak kendini, dans et. Mutlu ayaklar mutlu insanlar yaratır.

İyiliğin Bilim Hali 101. madde

Nasıl hissettin?

Yaptım!

190. Her Zaman, Her Şeyde Denge!

Şimdi ayakta dur, gözlerini kapat ve bir ayağını yerden hafifçe kaldır. Tek ayak üzerinde dengeni yakala.

Denge, çok önemli bir sağlık göstergesidir. Bedensel denge, iç içe geçmiş birkaç sistemin birbiriyle uyum içerisinde, sağlıklı ve düzgün şekilde çalışmasıyla elde edilir ve korunması da ayrıca efor gerektirir.

Çocuklukta yürümeyi öğrenirken önce dengeyi sağlamayı, sonra da yaptığımız her harekette dengeyi oluşturmayı ve korumayı öğreniriz. Sonraki yıllarda da yaşam her anlamda bir denge arayışıdır. Bedenen, zihnen ve ruhen deneyimlediğimiz her yaşam olayında amacımız dengeyi bulmak ve onu korumaktır. Dengeyi kaybettiğinde tıpkı çocukken yere düştüğünde yeniden ayağa kalktığın gibi, dengeni aramalısın.

Bedensel olarak her türlü yaşamsal faaliyette kurulabilen ve korunabilen denge, aynı zamanda sağlıklı ve temiz bir zihnin de göstergesidir.

Yaptım!

Nasıl hissettin

191. Haritalama Zamanı!

Zihin haritası tekniğini kullanmayı öğren.
Böylece yargılardan özgürleşirsin.

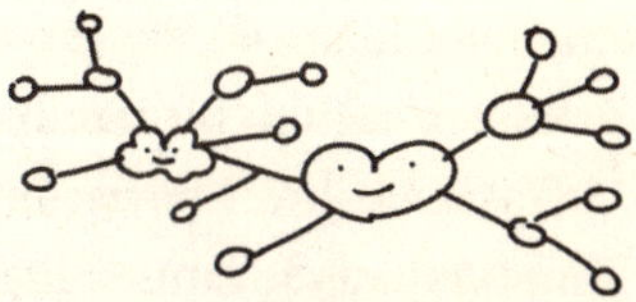

Planlama ve düşünce akışı için kullanılan zihin haritalama teknikleri, bilişsel işlevler açısından oldukça faydalı sonuçlar veriyor. Zihin haritalama teknikleri, bir konu hakkında gerekli notları en kullanışlı halde özetlemeye yaradığı gibi, ders çalışmayı da kolaylaştırıyor.

Tek sayfada haritaladığın konuya ilişkin genel bir bakış açısına sahip olmakla beraber, kolayca not alıp, planlama, organizasyon ya da projelerini şekillendirmenin yanında yaratıcılığını da geliştirir, zihin haritalama tekniklerini kullanarak daha hızlı ilerleme kaydedebilirsin. Eğer kâğıt kalemle ilişkin zayıfsa, zihin haritalama teknikleri için bilgisayarda da kullanılabilen birçok uygulama bulunuyor.

Nasıl hissettin?

Yaptım!

192. Can Dostum

Yalnızlık uzun vadede kaygı ve depresyona yatkınlığı artırır.

Sosyalleşememek, kalabalıklar arasına karışamamak, içe kapanmak, sessizleşmek sağlıklı bir tercih değil...

Yaşam kalitesi paylaşımlarla artar. Tanıdığın ya da tanımadığın insanlara dokunarak, sana ihtiyacı olanın yanında bulunarak, birlikte gülüp eğlenerek, güçlükte ve kolaylıkta bir arada bulunarak anlam kazanır hayat.

Bir can dostunun ya da can dostlarının olması çok değerli... Ailen, arkadaşların, sahiplendiğin hayvanların, selamlaştığın yabancı yüzler, komşuların...

Hepsi hayatının bir parçası...

Sevmek, yardımlaşmak, paylaşmak, iyileşmek, değişmek ve büyüyüp gelişmek çoğalan ve giderek genişleyen bir deneyim...

İçine kapanık, yapayalnız mutlu bir insan olmak mümkün değil. Mutluluk başkalarını da mutlu edebilmekle ilgili... Koşulsuzca başkalarını da sevebilmek, yardım etmek, dinlemek, dokunmak, bir arada olmak, başkalarını da güldürebilmek, ilham olabilmekle mümkün... Paylaşılmayan ve büyümeyen bir mutluluk hali illüzyondur.

Yaptım! **Nasıl hissettin**

193. Yaşasın İleri Dönüşüm

Kullanılmış bir eşya ya da malzemeyi yenileyip, dönüştürüp, farklı amaçlar için tekrar kullanıp çöpe gitmesini engelleyebilirsin.

Doğal kaynakların sınırsız ve sonsuz olmadığını biliyoruz. Kullanım süresi dolduğu için atılacak duruma gelmiş eşyaların yeniden düzenlenip, bunlara farklı değerler katarak çevreye zarar vermeden yeniden kullanılmasına ileri dönüşüm deniyor.

İleri dönüşüm, geridönüşümden farklıdır. İleri dönüşümü sağlanan eşya, yeni bir eşya kadar kaliteli ve niteliklidir.

Çevre ve sosyal adalet bilincinin artmasıyla gündeme gelen bu yeni alışkanlık sayesinde birçok eşyanın çöpe atılmasının önüne geçmek mümkün.

Kullanılmış eşya ya da malzemeleri yaratıcılığını kullanarak enerji harcamadan yeni bir malzemeye kolaylıkla dönüştürebilirsin.

Böylece eski malzemeler de çöpe gitmemiş olur.

Örneğin, kullanılmış bir oto lastiğiyle şık bir sehpa veya saksı yapabilirsin.

Nasıl hissettin? **Yaptım!**

194. Günde Dört Doz Mail

Maillerini sürekli kontrol etmek yerine bugün bir değişiklik yap ve mail saatlerini belirle.
Saat 09.00, 13.00, 15.00 ve 17.00'de maillerini kontrol ederek iş verimliliğini nasıl artırdığına bak.

Gün içinde sürekli maillerinle ilgilenmek yaptığın işle ilgili odağının dağılmasına neden olur. Bu yüzden verimliliğin de başarın da düşer.

Mesai saatler içinde sadece 3 ya da 4 kez e-postaları kontrol etmek yeterli...

Merak etme... Acil durumlarda bu sayıyı biraz daha artırabilirsin. Derin bir nefes al ve "acil durum" ne demek bir daha düşün...

Yaptım!

Nasıl hissettin?

195. İçindeki Sanatçıyı Özgür Bırakma Sanatı

Sanatın aracılığıyla en derinde saklanan duygularının akmasına izin ver.

Resim yapmak, şarkı söylemek, teatral çalışmalar yapmak yaratımsal bir süreçtir. Yaratıcı tarafımız özden gelen varoluşumuzun en büyük hediyelerindendir. İnsan sanatını icra ederken adeta mucizevi ve gizemli bir dünyanın kapılarını aralamış olur. Sanat bir nevi ruhun bedenle ve zihinle iletişime geçmesidir.

Ruh sanatla buluştuğunda duygular da adeta görünür hale gelir, vücut bulur. Bazen bir tuvalde, bazen bir defterde, bazen de açılmayı bekleyen bir perdenin arkasındaki sahnede...

Sanat emek ister ve sabır ister.

Yunanların kullandığı çok güzel bir söz vardır:

"Meraki."

Yaptığın iş ne olursa olsun tutku, sonsuz adanmışlık ve odağını bölmeden yapmak...

Picasso gibi resim yapmak zorunda değilsin, dilediğin resmi yapabilme cesareti göster. Dilediğin öyküyü yaz, dilediğin şarkıyı söyle, dilediğin gibi dans et, dilediğin yemekleri yap, dilediğin kıyafeti tasarla... İçindeki sanatçıyı özgür bırak, kendini ifade etsin...

Nasıl hissettin?

Yaptım!

196. Birine Mola Şansı Ver

Hastası olan bir yakının için bir gün refakat edebilir ya da bir günlüğüne arkadaşının çocuğuna bakıcılık yapabilirsin. Böylece onlar da ufak bir mola vermiş olurlar.

Yardım etmek yerine destek olmak çok daha bütünleyici bir kavram. Böylece bir görev veya yük gibi değil, yakınında dayanacağı bir sırt olduğunu hissediyor ve hissettiriyor insan. Görünmez bağlarla kenetlendiğini hissettiğin herkesle aranda bir sorumluluk ve paylaşma duygusu gelişir.

Herkesin dinlenmeye, küçük molalar almaya ve rutinden uzaklaşmaya ihtiyacı vardır. Kendimiz için istediğimiz molaları başkalarına vererek onların hayatlarının bir parçası olup alışılmış düzenin dışına çıkarız ve kendi molamızı da vermiş oluruz.

Başka birinin hastasına ya da bebeğine bakarken ortaya çıkabilecek yeni sorunlara yeni çözümler bulmak pratik zekâyı ve yaratıcılığı geliştirip güçlendirir. Böylece hem kendi hayatında hem de karşındakinin hayatında küçük de olsa bir fark yaratırsın.

Yaptım!

Nasıl hissettin?

197. Sen Zaten Çok Şekersin

Bugün işlenmiş şeker kullanma.

Bugün, sadece çaya attığın şekerden değil, yediğin içtiğin her şeyin içindeki işlenmiş şekerlerden uzak kalmayı tercih et.

Pek çok hazır gıdanın içerisinde yüksek miktarda işlenmiş şeker bulunuyor. İnsanı giderek hareketsizleştiren teknoloji çağında, tüketilen gıdalardaki fazla miktarda şeker, bedenin günlük ihtiyacının çok üzerindedir. Bu yüzden bedende harcanmayan şeker birikerek metabolik faaliyetlerin dengesini altüst eder.

Aşırı şeker tüketiminin beden sağlığına verdiği yakın ve uzak vadeli olumsuz sonuçlar, yaşam kalitesini de olumsuz yönde etkiler. Şeker tüketimi azaltıldığında obezite, kalp hastalıkları ve diyabet gibi kronik hastalıklarla ilgili riskler de azalır. Diğer tüm kronik hastalıkların semptomları hafifler, bağışıklık sistemi güçlenir. Daha az şeker tükettiğinde kan şekerin dengelenir ve kendini daha enerjik hissedersin.

Nasıl hissettin?

Yaptım!

198. Memnun Değilsen Değiştir!

Yolunda gitmeyen şeyleri değiştirmeyi dene.

Yaşam, bazen değişimi gerektirir. Eğer yaşamın sana sunduklarından en yüksek verimi almak ve daha fazla yararlanmak istiyorsan, bazen önceden çizdiğin rotanın dışına çıkıp farklı bir yoldan yürümen gerekebilir ya da yolun bazen normal kabul edilen çizgilerin dışına çıkabilir. Böyle zamanlarda, yapılması gereken ilk şey yolun değişeceğini kabul etmektir. Değişimi ne kadar kısa sürede kabullenir ve özümsersen, yeni yolunu o kadar kısa sürede yeniden yaratabilir ve güvenle ilerleyebilirsin.

Değişimi kabul etmek, eskiye takılıp kalmadan anın tadını daha kolay çıkarmana yardım eder, bu da stres seviyeni düşürür ve zihin sağlığına olumlu katkıda bulunur. Kendine olan güvenini ve özsaygını artırır.

Bugün, kendine yeni bir rota çizmek için kalbini dinle, çünkü kalbin pusulası hiçbir zaman yanıltmaz. Değişim için gereksinimlerini belirle ve kaynaklarını değerlendir; yeni rotanda kararlılıkla ilerledikçe ortaya çıkan tatmin duygusu sayesinde kendine olan güvenin daha da artacak!

Yaptım!

Nasıl hissettin?

199. Beyaz Yalan Yoktur

Dürüst ol, küçük de olsa yalan söyleme.

"Dürüst" kelimesi Farsçadan gelmiştir ve "sağlam, düzgün, doğru kişi" anlamına gelir.

Dürüstlük ilişkilerin yapıtaşıdır. Dürüst olmak adil, içten, açık, gerçek ve güvenilir ilişkiler deneyimlemeyi sağlar.

Yalan söylemek genelde korku temelli olup sonunda yalan söyleyeni daha büyük korkularla baş başa bırakır.

Yalan söylemek giderek alışkanlık haline gelir. Beyin, işleri kolaylaştırmak için büyük ya da küçük yalanı birbirinden ayıramaz noktaya varmanın bir yolunu bulur. Bir süre sonra her yalan, beyin için aynı anlama gelir. Böylece su içer gibi kolayca yalan söylemeye başlarsın. Ağzından çıkan her yalan sana göre beyaz, önemsiz, küçük bir yalandır.

Yalanın renkleri yoktur. Büyüğü, küçüğü de... Her yalanın arkasında korkular gizlidir. Yalan söylemek yerine kaçtığın korkularınla yüzleşmeyi dene.

Nasıl hissettin?

Yaptım!

200. Dikili Bir Ağacın Olsun

Balkonuna, evinin bahçesine, parka, ormana...
Bir ağaç fidanı dik, ona ilgi göster, konuş onunla, hikâyeni anlat...
Büyümesine, gelişmesine yardım et...
Senden sonraki nesillere seni hatırlatacak dikili bir ağacın olsun.

Ağaç dikmek gelecek nesillere bırakılan en güzel hediyedir.

Araç trafiğinin her geçen gün arttığı, dikili alanların azaldığı şu dönemlerde önce kendimiz için sonra gelecek nesiller için yapılabilecek en güzel yatırım ağaç dikmektir.

Bir ağaç yılda 114 kg oksijen üretir. Yani 2 olgun ağaç 4 kişilik bir ailenin yıllık oksijen ihtiyacını karşılar. Ağaçlar oksijeni üretebilmek için karbondioksit kullanır, bir ağaç ortalama olarak bir arabanın yılda 40.000 km süresince salgıladığı karbondioksiti tüketmektedir.

Bilimsel faydasının yanı sıra, bir fidanın büyüdüğünü görmek, yaşamın her anına tanık olmak, doğaya verilen emeğin karşılığını almak en büyük tatmindir.

İyiliğin Bilim Hali 181. madde

Yaptım!

Nasıl hissettin?

201. İki Saat Boyunca Ulaşılmaz Ol

Büyük işler tabii ki ilgi ister.

Önemli bir toplantı ya da sunum sırasında kimsenin seni bölmesini, dikkatini dağıtmasını ve aklını karıştırmasını istemezsin değil mi?

O halde konsantrasyon becerine en ihtiyacın olan anlarda muhakkak ulaşılmaz ol. Diğer bütün işleri durdur. Telefonunu kapat.

Sadece "pardon" kelimesiyle bile odağını yitirecek olan zihninin odağına geri dönebilmek için en az 15 dakikaya ihtiyacı olacaktır.

Kariyerin açısından önemli olan anları riske etme.

Seni merak edecek kişilere öncesinden "Bana iki saat ulaşamayacaksınız" bilgisini ver. İşini bölebilecek bütün ihtimalleri ele...

Nasıl hissettin?

Yaptım!

202. Bir Gönül Değişirse Dünya Değişir

"Aynı güneş içimizi ısıtırken, aynı ay tenimize dokunurken, aynı hava nefesimiz olurken, pek de yabancı değiliz aslında..."

– Metin Hara

Evrende var olan her şey, birbiriyle her an iletişim halindedir. Dünyanın bir yerinde bir kuş kanat çırptığında, yarattığı etki evrenin bir köşesinde mutlaka hissedilir.

1935 yılında Erwin Schrödinger Dolanıklık (Entanglement) teorisiyle konuya yepyeni bir bakış açısı getirmiştir. Kuantum dolanıklık teorisine göre, fotonlar, elektronlar gibi atom parçacıkları, birbirlerinden ne kadar uzak mesafede olurlarsa olsunlar, birbirleriyle ışık hızından daha yüksek bir hızla iletişime geçebiliyorlar.

Yani kalbindeki gerçeklikle evrende var olan her zerrenin kalbine dokunuyorsun aslında...

İçsel yolculuğunda ilerledikçe, kalbinin gerçeği, yolunu aydınlatan rehberin olur.

Evrenin iki ucundaki iki atom birbirini etkileme gücüne sahipse, bir gönlün neleri değiştirebileceğini hayal et.

İyiliğin Bilim Hali
169. madde

Yaptım!

Nasıl hissettin?

203. Gıdıkla

Gördüğün en somurtkan insanı güldürmek için bir adım at.
Mesela onu gıdıkla.

Somurtkan insan senin gıdıklamanla gülmeye başlayabilir. Baktın ki hâlâ gülmüyor, o halde zekânı kullan ve espri yap ya da bir fıkra anlat. Sonrasında kendin kahkaha atarak gülmeye başla. Emin ol karşındaki de dayanamayıp seninle birlikte gülecektir.

Gülmek mucizevi bir ilaçtır, her derde devadır.

Her gülümseme bir iyilik içeriyor.

Bir anda karşındakinin hayatına dokunur ve mucizeyi oluşsun diye onun kalbine ekmiş olursun.

Sence de gülümsemenin tam sırası değil mi?

"Hayat her zaman gülümsemeyebilir insana...
Biraz da sen gıdıkla."

İyiliğin Bilim Hali 198. madde

Nasıl hissettin?

Yaptım!

204. Ellerini Yıkadın mı?

Ellerini sık sık temizle.

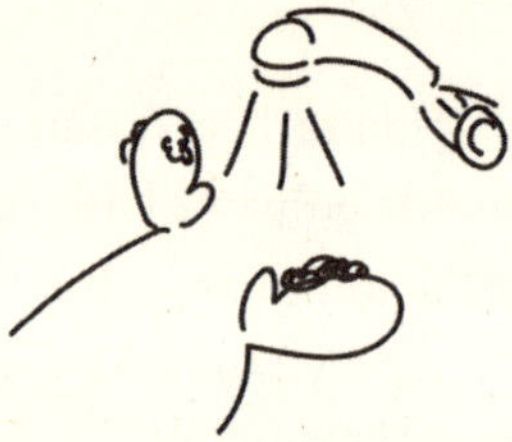

Çıplak elle dokunduğun pek çok yüzeyde çeşitli bakteriler ve mikroplar var.

Bu yüzden ellerini temiz tutman çok önemli...

Ellerini sabunla sıkça yıkaman bulaşan mikropların temizlenmesini sağlar. Böylece hem kendine hem de başkalarına mikrop taşımamış olursun.

Yapılan bir araştırmada el yıkamanın ishale yakalanma oranını yüzde 31 oranında, solunum hastalıklarına yakalanma oranını da yüzde 16-21 oranında azalttığını ortaya koyuyor.

Eller gün içerisinde, özellikle yemeklerden ve tuvaletten önce ve sonra mutlaka yıkanmalı.

Hastaysan ya da bir hastayla ilgileniyorsan bebeğinin ve evcil hayvanının bakımı öncesinde ve sonrasında ellerini mutlaka temizlemelisin.

Eller nasıl mı yıkanır?

Suyla ıslatıldıktan sonra sabunla bolca köpürtülerek ve en az 20 saniye boyunca ovuşturularak yıkanmalı. Sonrasında da bol suyla durulanıp mutlaka kurulanmalı.

Daha derin bir temizliğe ihtiyaç duyduğunda dezenfektan solüsyonlar da kullanabilirsin.

Yaptım!

Nasıl hissettin?

205. Tutkunu Yaşa

Hayatın, yapmak isteyip de yapamadığın şeylerin hikâyesi olmasın. Peşinden gidemediğin hayallerini hatırla, hiçbir şey için henüz geç olmadığının farkında olarak aksiyona geç.

Çocukça kurduğun bütün hayallerini gerçekleştirebilirsin.

Tutkunu yaşa...

Hayatını, gerçekleşmemiş hayaller yığını olmaktan kurtar.

Hayatın boyunca hep yapmak isteyip de yapamadığın şey ne?

Safari seyahati mi?

Çarpışan arabalara binmek mi?

Kapadokya'da balonla uçmak mı?

Uçurtma uçurmak mı?

O halde harekete geç...

Yapmak istediklerini bir sıraya koyarak listelemek ve gerçekleştirebilmek için planlar yapmaya başlamak, hedef odaklı olmanı destekler ve amacına ulaşmak için harekete geçmeni, daha fazla ertelememeni sağlar. Aynı zamanda hayalini planlama aşaması da organizasyonel yeteneklerini geliştirerek duygusal zekânı besler.

Hayallerini gerçekleştirmek ya da tutkularını hayata geçirmek için bugün bir planlama yap ve bu konuda küçük bile olsa ilk adımı at.

Bu küçük adım, hayatının en uzun ve en değerli adımı olabilir.

Nasıl hissettin?

Yaptım!

206. Gel Beraber Gezelim

Sevdiklerine zaman ayır.

Hayatın koşturmacası, sevdiklerinle geçireceğin güzel anları elinden almasın.

Ne kadar yoğun bir iş hayatın olursa olsun, hiçbir şeyin seni sevdiklerinle geçireceğin eşsiz anlarından mahrum bırakmasına izin verme.

Ailenle birlikte geçireceğin zamanların mutluluğu, huzuru ve iyileştirici gücü hiçbir parayla satın alınamayacak kadar değerli.

Onlarla bir arada geçireceğin her an, ıskalayamayacağın, erteleyemeyeceğin eşsiz fırsatlar...

Sevdiklerine zaman ayırmayı ihmal etme. Hiçbir "önemli" iş için onlarla bir arada olma keyfini erteleme, geciktirme.

Sevdiklerinle birlikte yapmak istediğin bütün organizasyonları yaz. Çalışma programını buna göre düzenle. İşin ya da meşguliyetlerin uğruna ailenle geçireceğin kaliteli zamanı gözden çıkarma. Ajandana mutlaka sevdiklerini de dahil et. Sinema, tiyatro, konser, tatil planlarınızı erteleme...

İyiliğin Bilim Hali 18. madde

Yaptım!

Nasıl hissettin?

207. Doğal Sabun

Temizlik yaparken sıvı sabun ya da toz sabun gibi doğal temizlik maddelerini tercih ederek doğaya emek verebilirsin.

Petrol türevi temizleyiciler doğaya zarar verdikleri gibi, az suyla durulandıklarında çamaşırda ya da bulaşıkta sağlık açısından sakıncalı kalıntılar bırakırlar. Kimyasallar atık sularla birlikte doğaya karışarak ekosisteme zarar verir.

Evsel temizlik malzemeleri sadece toprağı ve su kaynaklarını değil, teneffüs ettiğimiz havayı da tehdit ediyor.

Sprey boyalar, fırın temizleyicileri, dezenfektanlar, mobilya parlatıcıları ve diğer tüm sprey ürünler, birkaç gün sonra soluyacağımız havanın parçası oluyor. Doğal sürfaktanlar, karbonat, sirke, uçucu yağlar gibi ürünler zehirsiz oldukları için bu tür maddelerin günlük hayatımızda tüketimi her zaman ekosistemin sürdürülebilirliği için faydalı olacaktır.

Nasıl hissettin?

Yaptım!

208. Pomodoro Ejderi

Akıp giden zamanı nasıl daha verimli kullanabilirim diye düşünüyorsan "Pomodoro tekniği" ile tanış!

Francesco Cirillo zamanını verimli kullanamadığını fark edince bir çözüm aramış ve çareyi işlerini planlayıp zamana bölerek yapmakta bulmuş. Tabii bunu yapmak için de bir zamanlayıcıya ihtiyacı olmuş. O sırada mutfakta bulunan Cirillo domates şeklindeki mutfak zamanlayıcısını kullanmaya karar vermiş. Tekniğin ismi de buradan geliyor zaten. Zira Pomodoro, İtalyanca domates demek.

Tekniğin temel prensibi 25 dakika aralıksız konsantre bir şekilde çalışmak, sonrasında 5 dakika mola vermek. Cirillo her 30 dakikalık periyoda "Pomodoro" ismini veriyor. Yöntem işe yarayınca herkesle paylaşmaya karar vermiş. Böylece "Pomodoro" günümüze kadar ulaşmış.

Günde ortalama 8 ila 16 Pomodoro yapmak yeterli sayılıyor. Dilersen sayıyı artırabilirsin.

Her 4 Pomodoro sonrasında ihtiyacına göre 15 ila 30 dakika mola verebiliyorsun. Bu da Cirillo'nun bonusu...

Yaptım! **Nasıl hissettin?**

209. İç Gülümseme

Bir Tao öğretisi olan Wu Wei'nin prensiplerini araştırıp okuyabilir, iç gülümsemenin yapıcı etkilerini keşfedebilirsin.
İçindeki coşkuyu Wu Wei'yle inşa etmeye var mısın?

Bir Tao öğretisi olan Wu Wei "iç gülümseme" de denen içsel coşkunun önemine değinir.

Wu Wei felsefesinde her problemin savaşmadan, uyum içerisinde bir çözüm içerdiğinden bahsedilir.

Dışarıdaki koşullar ne olursa olsun içindeki coşkuyu korumaya devam etmen çok değerli. İç gülümsemen olduğu sürece dışarıda değişen pozitif ya da negatif hiçbir sürecin önemi kalmaz. Hayata her zaman sevgiyle ve içeriden bir gülümsemeyle bak.

"Sen de su gibi ol... Uyum içerisinde akacak bir yön bul.
Ta ki okyanusa ulaşana kadar..."

Nasıl hissettin?

Yaptım!

210. Gönlünden Ne Koparsa

Sokakta gördüğün ya da ihtiyacı olduğunu bildiğin birine bir şeyler alarak, ona yardımda bulun.

Moralin bozuk olduğunda alışveriş yapmanın seni daha mutlu hissettireceğini düşünenlerden misin?

Oysa başkalarına yardım etmek, daha uzun süreli tatmin duygusu sağlar ve beden sağlığına da iyi gelir.

Yapılan bir araştırmaya göre başkaları için para harcamak bedeni rahatlatıyor, kalp ve damar sağlığına iyi geliyor, yüksek tansiyonu düzenliyor.

İyilik yapmak ve başkalarına katkıda bulunmak hissi, bedensel sağlığı olumlu yönde etkilemenin yanı sıra sosyal bağları da güçlendiriyor.

Senden daha şanssız olan birine yardım ettikçe senin için çok ufak bir özveriyle o kişi için çok büyük bir iyilik yapabilirsin.

İyiliğin Bilim Hali 145. madde

Yaptım! **Nasıl hissettin?**

Şu ana kadar iyilik hareketinin bir parçasıydın, şimdi iyilik hareketinin kendisi olmaya ne dersin? Sana göre dünyayı değiştirebilecek iyilik hareketi hangisi olabilir?

Yaz…

....

....

....

....

....

....

....

....

....

....

Detaylar için:

www.iyiliginherhali.com

Kaynakça

1. Dokunuşun Gücü
https://elementsmassage.com/blog/the-role-of-massage-in-treating-mental-health-conditions

2. Yaşam Sokakta!
http://www.treadmillreviews.net/health-benefits-of-walking

3. Koşulsuz Sevgi
https://www.psychologytoday.com/blog/busting-myths-about-human-nature/201208/what-is-love

4. Bez Çanta Çok Moda
http://www.onegreenplanet.org/environment/realities-about-plastic-pollution-that-wont-go-away

5. Masa Başı Egzersizi
https://www.forbes.com/sites/jacquelynsmith/2013/02/06/the-10-best-exercises-to-do-at-your-desk/#27130d663372

6. Maviyle Gelen Huzur
http://www.wiseandwell.co/life/world/health-benefits-science-ocean

7. Teşekkür Ederim
https://www.sciencedaily.com/releases/2014/08/140828110810.htm
https://www.emergenetics.com/blog/workplace-appreciation-gratitude
https://www.today.com/health/be-thankful-science-says-gratitude-good-your-health-t58256

8. Yogaya Ne Dersin?
https://www.psychologytoday.com/blog/evolutionary-psychiatry/201303/yoga-ba-gaba

9. Telefonunu Kapat, Kalbini Aç
http://www.care2.com/greenliving/7-unexpected-benefits-of-unplugging-from-technology.html

10. Küçük Sürprizler, Büyük İlhamlar
https://hms.harvard.edu/news/harvard-medicine/contagion-happiness

11. Cam Kullan Candan Olma
http://www.onegreenplanet.org/environment/realities-about-plastic-pollution-that-wont-go-away

12. İş Başka Dostluk Başka
https://www.forbes.com/sites/womensmedia/2014/12/01/how-to-improve-your-relationships-at-work/#6300804247a2

13. Sufi Nefesi
https://www.psychologytoday.com/blog/the-athletes-way/201705/diaphragmatic-breathing-exercises-and-your-vagus-nerve

14. Kıyafetini Paylaş
https://www.randomactsofkindness.org/the-science-of-kindness

15. Hadi Tai Chi Yapalım!
http://www.health.harvard.edu/staying-healthy/the-health-benefits-of-tai-chi

16. Sımsıkı Sarıl
https://www.psychologytoday.com/blog/affectionado/201309/seven-reasons-be-more-physically-affectionate

17. Empati Kur, Empati Bul
https://www.skillsyouneed.com/ips/improving-communication.html

18. Naylonu Soyun Doğalı Giyin
http://www.onegreenplanet.org/environment/realities-about-plastic-pollution-that-wont-go-away

19. Bir Çiçeği Evlat Edin
https://www.theguardian.com/money/2014/aug/31/plants-offices-workers-productive-minimalist-employees

20. Sevginin Müziği
https://www.health.harvard.edu/blog/healing-through-music-201511058556

21. Kitap Bağışla
http://www.prevention.com/mind-body/emotional-health/doing-kind-acts-reduces-anxiety-study
http://www.bookcrossing.com/articles/1051
İBH referans: Kitap Okumak Beyin Fonksiyonlarını Hızlandırıyor
İBH referans: Kitap Okumak ve Empati

22. Spor Yap Dinç Kal
https://www.cdc.gov/physicalactivity/basics/pa-health/index.htm

23. Yavaşlığın Keşfi
http://www.huffingtonpost.com/dr-susan-albers/mindful-eating_b_1265865.html

24. Övülesi Haller
https://www.psychologytoday.com/articles/200403/the-art-the-compliment

25. Ekolojik Piknik

http://www.onegreenplanet.org/environment/realities-about-plastic-pollution-that-wont-go-away

26. Sevdiklerin Yanında

http://momentjournal.org/index.php/momentdergi/article/view/121/383>
https://www.ft.com/content/e4a39190-39f8-11e5-bbd1-b37bc06f590c?mhq5j=e2

27. Gözyaşlarına Özgürlük

https://spiritualityhealth.com/articles/2013/12/16/restorative-power-tears

28. Bağış Kampanyalarına Destek Ver

http://www.huffingtonpost.com/priya-advani/random-acts-of-kindness_b_3412718.html
http://drdavidhamilton.com

29. Müzik Bedenin Gıdasıdır

https://www.usatoday.com/story/news/health/2013/12/17/health-benefits-music/4053401

30. Renklerin Gücü

http://www.arttherapyblog.com/online/color-psychology-psychologica-effects-of-colors/#.WfnoImiCxdg

31. İki Düşün, Bir Söyle

https://www.skillsyouneed.com/ips/improving-communication.html

32. Cısss! Sıcak Ütü!

https://www.theguardian.com/environment/green-living-blog/2011/sep/02/ironing-save-energy-electricity-consumption

33. Oyalama Beni, Veda Et Artık

İş'te Beyniniz, David Rock; http://insanvehayat.com/iste-beyniniz
https://www.themuse.com/advice/how-to-actually-stop-checking-your-email-all-the-time

34. Başucu Kitabım

http://www.spiritualityandpractice.com/books/features/view/10900/making-reading-sacred

35. Palyaço

Öneri kitap: Hastane Palyaçoları, Saliha Koç, Sistem Yayıncılık
https://psychcentral.com/lib/the-power-of-positive-thinking

36. Akupunktur Noktalarına Dokun

http://www.wral.com/carolina-partners-acupuncture/13196803

37. Bugünün Hayali Yarının Gerçeği

http://www.goodtherapy.org/blog/psychpedia/imagination

38. Sesim Geliyor mu?

https://www.skillsyouneed.com/ips/improving-communication.html

39. Bulaşıklara Bıcı Bıcı

https://energy.gov/energysaver/kitchen-appliances

40. Aile Sofrası

https://magazine.byu.edu/article/making-dinner-together-time

41. Ruhun da Dinlenmek İster

https://www.nhlbi.nih.gov/health/health-topics/topics/sdd/why

42. Kan Ver Can Bağışla
https://www.psychologytoday.com/blog/high-octane-women/201409/helpers-high-the-benefits-and-risks-altruism

43. Kendini Sula Çiçek Aç
http://greatist.com/health/health-benefits-water

44. Şuraya Mutlu Bir Çam Ağacı Çizelim
http://foxhillresidences.com/6-brain-and-health-benefits-of-painting

45. Ben Ne Diyorum, Bedenim Ne Diyor?
https://www.skillsyouneed.com/ips/nonverbal-communication.html

46. Çekirdek Çöp Değildir!
Deborah Peterson, Don't Throw It, Grow It!: 68 Windowsill Plants From Kitchen Scraps, May 7th 2008 by Storey Publishing, LLC

47. Bir Elin Nesi, İki Elin Sesi, Doğru Ekibin Senfonisi Var
https://www.boundless.com/management/textbooks/boundless-management-textbook/groups-teams-and-teamwork-6/defining-teams-and-teamwork-51/advantages-of-teamwork-259-4562

48. Rüya Defteri Tut
https://www.psychologytoday.com/blog/the-wisdom-your-dreams/201107/dreams-and-spiritual-seekers

50. Adım Adım Sağlık
https://well.blogs.nytimes.com/2013/06/24/really-the-claim-taking-a-walk-after-a-meal-aids-digestion

51. Çizgi Film Kahramanı
https://www.vice.com/en_us/article/therapists-explain-how-cartoons-affe-ct-your-mental-health

52. Çekici Özgüven
https://www.huffingtonpost.com/marianna-glynska/beauty-and-confidence-are_b_12578134.html

53. Zihnine Ampul Yak, Cebindeki Yangın Sönsün
https://energy.gov/energysaver/lighting-choices-save-you-money
http://enerjienstitusu.com/enerji-tasarrufu-verimliligi-ipuclari-tavsiyeleri

54. Gözlere Mola
American Academy Of Optometry araştırması
http://www.aaopt.org

55. Yüklerden Kurtulma Zamanı
https://www.huffingtonpost.com/duane-elgin/simplicity_b_893189.html

56. Komşunu Tanı
www.nearcircles.net/.../7-reasons-why-neighbors-are-important
https://pairedlife.com/etiquette/Being-a-Good-Neighbor

57. Güne Tacını Takarak Başla, Kahvaltını Kral Gibi Yap
http://www.mentalhealthy.co.uk/lifestyle/food/the-importance-of-breakfast.html

58. Başka Bir Dünya Mümkün!
http://createthegood.org/articles/volunteeringhealth

59. Nezaket Güçtür
http://www.loveisrespect.org/healthy-relationships/communicate-better

60. Mandallar İşbaşına

https://www.energystar.gov/index.cfm?c=clotheswash.clothes_washers_performance_tips

61. Kıssadan Hisse

http://www.businessnewsdaily.com/3272-improve-productivity-tips.html#sthash.94AhwBRq.dpuf

62. Sevgili Günlük

https://psychcentral.com/lib/the-health-benefits-of-journaling

63. Eğitime Katkıda Bulun

https://www.tog.org.tr
http://www.bradaronson.com/acts-of-kindness

64. Laf Salatası Değil, Meyve Salatası Yap

https://www.organicfacts.net/health-benefits/fruit

65. Güneşi Karşıla

https://www.linkedin.com/pulse/9-stunning-benefits-watching-sunrise-jennifer-elizabeth-masters

66. Hayır Sen Değil "Ben"

http://www.loveisrespect.org/healthy-relationships/communicate-better

67. Cimri Musluk Zamanı

World Health Organizationand UNICEF Joint Monitoring Programme (JMP) 2015.
Progress on Drinking Waterand Sanitation, 2015 Update and MDG Assesment - United States Census Bureau 2015. United Statesand World Population Clock

68. Yeterince Aydınlık
http://www.taksimosgb.net/aydinlatma-olcumleri
http://www.andrewjensen.net/how-office-lighting-affects-productivity

69. An'ı Yaşa
Metin Hara, *Dem*, Adım 6, sayfa 264-278, An'ı Yaşama Egzersizi, sayfa 286

70. Bana Bir Harf Öğret
http://www.egitimpedia.com/dunyanin-en-iyi-10-egitim-sistemi
https://www.importantindia.com/23102/reasons-why-education-is-important

71. Çiğnemeden Yutma, Kiloları Tutma
http://www.iccli.com/blog/2017/10/12/recently-discovered-benefits-chewing

72. Selam Ben!
https://www.psychologytoday.com/blog/feeling-it/201211/3-powerful-science-based-benefits-little-self-love

73. Ben Ettim Sen Etme
https://www.psychologytoday.com/articles/200207/the-power-apology

74. Sifon Çöp Değildir!
World Health Organizationand UNICEF Joint Monitoring Programme (JMP) 2015.
Progress on Drinking WaterandSanitation 2015 Update and MDG Assesment - United States Census Bureau 2015. United Statesand World Population Clock

75. Taze Hava
https://academic.oup.com/ije/article/33/5/1123/624014/Commentary-Air-conditioning-as-a-risk-for

76. Kokular Sana Rehberlik Etsin
http://www.umm.edu/health/medical/altmed/treatment/aromatherapy

77. Görme Engelliler İçin Kitap Seslendir
http://getem.boun.edu.tr
http://unlimitedloveinstitute.org
Beyninizi Canlı Tutun, Lawrence C. Katz, Manning Rubin

78. Pişmiş Aşa Su Katılmaz
https://www.healthxchange.sg/food-nutrition/food-tips/drinking-water-right-time

79. Sosyal Medya Detoksu
http://www.self.com/story/does-going-on-a-social-media-cleanse-actually-do-anything-for-your-mental-health

80. Her İnsanın Doğası Farklıdır
https://www.mindful.org/the-benefits-of-being-a-patient-person

81. Tıklım Tıkış
https://energy.gov/energysaver/laundry

82. Sen Giderken Dönenler
https://www.dunya.com/ozel-dosya/degisim-yelpazesi/ortalama-insan-uretir-basarili-insan-surekli-ogrenir-haberi-318329

83. Minik Dostum
https://www.psychologytoday.com/blog/animal-emotions/200911/do-animals-have-spiritual-experiences-yes-they-do

84. Senin Dostun Benim Dostumdur

http://www.tandfonline.com/doi/abs/10.1080/00480169.1973.34076

https://www.webmd.com/hypertension-high-blood-pressure/features/health-benefits-of-pets#1

85. Ayaklara Özgürlük

https://www.mindbodygreen.com/0-9099/the-surprising-health-benefits-of-going-barefoot.html

86. Derlen Toparlan

http://www.shape.com/lifestyle/mind-and-body/how-cleaning-and-organizing-can-improve-your-physical-and-mental-health

88. Mercimeği Fırına Verdik

https://energy.gov/energysaver/kitchen-appliances

89. Hem Analitik, Hem Yaratıcı Olmak Mümkün

Beyin Gücünü Etkili Kullanma Sanatı, Ali Kavaklı, Sefa Saygılı

90. Eleştiriden Vazgeç

http://www.dogancuceloglu.net/yazilar/861/yargilamak-ustune

91. El Emeği Göz Nuru

http://www.bradaronson.com/acts-of-kindness

http://momitforward.com/diyyüzde E2yüzde 80yüzde 94the-benefits-of-giving-handmade-gifts

92. Diyaframına Kuvvet

http://www.health.harvard.edu/mind-and-mood/relaxation-techniques-breath-control-helps-quell-errant-stress-response

93. Sıcacık Bir Çay Olsa, İçimizi Isıtsa

https://news.yale.edu/2008/10/23/hot-coffee-we-see-warm-heart-yale-researchers-find

94. Açık Fikirler Yeni Kapılar Açar

https://www.thebalance.com/communication-skills-list-2063779

95. Sokak Hayvanları İçin Yağmur Suyu Biriktir

World Health Organization and UNICEF Joint Monitoring Programme (JMP) 2015.
Progress on Drinking Waterand Sanitation 2015 Update and MDG Assesment - United States Census Bureau 2015. United States and World Population Clock

96. Ergonomik Ortamlar Yaratalım

http://www.architectureartdesigns.com/right-desk-chair-can-increase-productivity

97. Duygu Dedektifliği

https://www.psychologytoday.com/blog/spiritual-wisdom-secular-times/201209/spirituality-and-emotions-spirituality-beginners-14

98. Sürpriz Yap

https://www.jeremysaid.com/blog/psychology-of-surprise
http://www.bradaronson.com/acts-of-kindness
EmbracetheUnpredictableandEngineertheUnexpectedTaniaLunaand LeeannRenninger

99. Başın Öne Eğilmesin

http://psycnet.apa.org/psycinfo/2014-37739-001

100. Erken Kalkan Yol Alır
https://www.healthambition.com/benefits-of-waking-up-early

101. Pardon, İsminizi Hatırlayamadım?
http://www.valuewalk.com/2014/01/why-its-important-to-remember-peoples-names

102. Elektronik Hurdaları Dönüştür
https://www.thebalance.com/e-waste-and-the-importance-of-electronics-recycling-2877783

103. Geribildirim Önemli
https://www.forbes.com/sites/ashleystahl/2016/11/22/seven-ways-to-get-motivated-at-work/#782c16163cd5

104. Avaz Avaz Bir Ferahlama
http://www.positivehealth.com/article/sound-and-music/sacred-sound-therapy-for-healing-spiritual-growth-and-meditation

105. Yardıma Koş
http://www.prevention.com/mind-body/emotional-health/doing-kind-acts-reduces-anxiety-study
http://drdavidhamilton.com

106. Yeşilin Elli Tonu
http://www.fruitsandveggiesmorematters.org/go-green-with-fruits-and-vegetables

107. Şikâyet Etmek Yerine Şükret
https://www.psychologytoday.com/blog/the-squeaky-wheel/201201/does-complaining-damage-our-mental-health

108. Kabullenmenin Gücü
https://www.stevenaitchison.co.uk/8-powerful-benefits-to-loving-more-and-disliking-less

109. Yaz Geliyor, Yağları Topluyoruz
http://www.cevreciyiz.com/makale-detay/928/atik-yagdan-biyoenerjiye

110. Öğrenmenin Yaşı Yok
https://www.forbes.com/sites/ashleystahl/2016/11/22/seven-ways-to-get-motivated-at-work/#782c16163cd5

111. İçindeki Çocuk, Dışındaki Çocuk
https://www.psychologytoday.com/blog/evil-deeds/200806/essential-secrets-psychotherapy-the-inner-child

112. Hepimiz Bir Gün Yaşlanacağız
https://www.umh.org/assisted-independent-living-blog
https://www.thebalance.com/unexpected-benefits-of-volunteering-4132453

113. Karnın mı Aç, Kalbin mi?
https://www.helpguide.org/articles/diets/emotional-eating.htm

114. Hayır Demeyi Dene!
https://www.psychologytoday.com/blog/mind-wellness-awareness/201211/learn-say-no

115. Her Konuda Cömertlik
http:/time.com/4857777/generosity-happiness-brain

116. Şarj mı Şarz mı?
http://www.onegreenplanet.org/lifestyle/rechargeable-batteries-a-better-choice

117. Beynini Bir Konuya Odakla
https://www.forbes.com/forbes/welcome/?toURL=https://www.forbes.com/sites/travisbradberry/2014/10/08/multitasking-damages-your-brain-and-career-new-studies-suggest/&refURL=https://www.google.com.tr/&referrer=https://www.google.com.tr

118. Şükür
https://spiritualityhealth.com/articles/2012/11/20/3-essential-practices-gratitude

119. Olaylaştırma Kolaylaştır
www.hekimce.com
https://www.entrepreneur.com/article/238122

120. Soğuk Duş Etkisi
http://independenthome.com/the-benefits-of-bathing-for-mental-health

121. Kararın Uykuda Demlensin
http://www.huffingtonpost.com/entry/mind-benefits-of-sleep_us_56828d51e4b014efe0d92b6d

122. Eleştiri Değil, İnce Ayar
https://www.thebalance.com/top-leadership-skills-2063782

123. Çöp Adam Olma!
https://www.huffingtonpost.com/rosie-osmun/how-to-reduce-your-family_b_8940860.html

124. Söz Uçar Yazı Kalır
http://blog.highperformancelifestyle.net/writing-things-down-2

125. İyi Düşün, İyi Olsun

http://www.spiritualawakeningprocess.com/2015/03/positive-thinking-amazing-power-and.html

126. Kalp Kalbe Karşı

İBH referans: Sarılmanın Gücü

127. Uyuyan Güzel

http://www.huffingtonpost.com/rosie-osmun/go-to-bed-early_b_7157026.html

128. Zihin Temizliği

http://en.envirocitiesmag.com/articles/energy-efficiency/better-life.php

129. Takım Ruhu

https://www.thebalance.com/list-of-teamwork-skills-2063773

130. İlaçları Çöpe Atma, Doğayı Zehirleme

https://www.epa.gov/hwgenerators/collecting-and-disposing-unwanted-medicines

131. Uygun Oda Sıcaklığıyla Gelen Yüksek Performans

http://www.openworkspacedesign.co.uk/2015/12/11/the-impact-of-temperature-on-office-health-and-productivity

132. Güzel Anılar Koleksiyoncusu

https://www.rewireme.com/happiness/8-reasons-why-collecting-things-you-love-is-good-for-your-brain

133. Zincirleme İyilik

http://norobilim.com/psikolojinin-yüzde E2yüzde 80yüzde 9Cdnayüzde E2yüzde 80yüzde 9Dsi-ayna-noron-sistemi

134. Geri Geri İlerle
http://www.healthline.com/health/fitness-exercise/walking-backwards

135. Yeni Bir Şey Öğren
http://www.nhs.uk/conditions/stress-anxiety-depression/pages/learn-for-mental-wellbeing.aspx

136. Biraz Mesafe!
http://www.huffingtonpost.com/allison-renner/when-youre-in-a-good-relationship-you-learn-these-10-things_b_5618826.html

137. Canlıdan Denek Olmaz
http://www.ecolibris.net/how.asp – www.peta.org

138. Ufak Tefek Yardımcılar Kullan
http://www.evancarmichael.com/library/michael-holstein/Essential-office-supplies-list-to-increase-productivity.html

139. Toprak Ana Şefkati
https://grounded.com/what-is-earthing

140. Çöpleri Ayrıştır İnsanları Değil
https://yosemite.epa.gov/ee/epa/eerm.nsf/vwan/ee-0559_1-2_acc.pdf/$file/ee-0559_1-2_acc.pdf
http://www.pagcev.org/geri-donusum

141. Ye, Sev, Şükret
http://healingcatalyst.com/learn-more/articles/the-health-benefits-of-gratitude-for-your-food

142. Farklı Bir Deneyimle Fark Yaratmak
http://danblackondership.info/archives/4032

143. Beklentim Yok Senden Başka
https://www.psychologytoday.com/blog/maybe-its-just-me/201008/expectations-in-relationships-the-flip-side-obligations

144. Balkona Yeşil Çok Yakışıyor
PsychologieHeute dergisinden, http://www.epa.ohio.gov/pic/facts/30years/tips.aspx
http://www.yeryuzudernegi.org/projedetay.php?id=64

145. Yapılmışı Var
http://tugofwarwithtime.com/why-templates-improve-productivity

146. Bir Alışkanlığınla Vedalaş
https://www.asam.org

147. Sofraya Yardım Et
https://www.englishforums.com/English/ManySharingHouseworkBenefitsState-OpinionLeastWords/bmbxhc/post.htm
http://www.huffingtonpost.com/2014/01/16/happy-relationship-studies_n_4613060.html

148. Bin Bir Surat
https://www.wellandgood.com/good-looks/face-workout-trend-benefits

149. Bir Kap Mama, Bir Kap Su
http://www.huffingtonpost.com/danielle-hark/pet-ownership health_b_3187960.html

150. Tamamen Burada ve Seninleyim
http://www.huffingtonpost.com/ora-nadrich/staying-present-in-relationships_b_3487919.html

151. Kâğıt Tasarrufu
https://www.yesilist.com/kagit-kullaniminizi-15-adimda-azaltin

152. Evden Çalışmanın Avantajları
https://www.forbes.com/sites/groupthink/2014/08/27/employees-who-work-at-home-are-more-productive-than-office-dwellers/#20ce061fbeb9

153. Hayal Panosu
https://spiritualityhealth.com/articles/2017/04/20/care-soul-spiritual-imagination

154. Çorbada Tuzun Bulunsun
http://www.worldometers.info/tr
https://kortopsikoloji.com/dergi/baskalarina-faydali-olma-ve-mutluluk
https://www.uplifers.com/sukretmenin-hic-beklenmedik-faydalari/#ixzz4y3crGmDK

155. Kır Bağımlılık Zincirlerini
http://www.wikihow.com/Overcome-an-Addiction

156. Kültürel Deneyim
David Rock, Your Brain at Work Harper Collins, Oct 6, 2009, Business & Economics, 304 pages

157. Affetmek Özgürleşmektir
https://www.psychologytoday.com/blog/compassion-matters/201510/5-ways-you-need-build-forgiveness-your-relationship

158. Toplu Taşıma Günü
Godo Stoyke, The Carbon Buster's Home Energy Handbook, 2007, pp 22-23
(b) The Carbon Buster's Home Energy Handbook, 2007, pp 22-23

159. Hedef Planı
https://hbr.org/2014/12/make-your-work-resolutions-stick?referral=00060

160. Karanlığa Bir Mum Yak
http://www.spiritualityandpractice.com/books/features/view/27692/rituals

161. Neşe Saç!
https://www.fix.com/blog/benefits-of-smiling-and-laughter

162. Hayvansal Gıdaya Mola
https://www.uhc.com/health-and-wellness/nutrition/power-of-plant-protein

163. Önceliklerini Belirle
https://www.leadershipthoughts.com/setting-priorities-for-life

164. Aradığınız Kişiye "Ulaşılabiliyor"
https://www.forbes.com/sites/theyec/2014/10/03/4-steps-for-building-a-culture-of-open-communication/#c45376761d72

165. Otomobil Ayarlarına Dikkat
http://www.epa.ohio.gov/pic/facts/30years/tips.aspx
Godo Stoyke, The Carbon Buster's Home Energy Handbook, 2007, pp 22-23
(b) The Carbon Buster's Home Energy Handbook, 2007, pp 22-27

166. Başarını Kutla
http://naldzgraphics.net/tips/advantages-reward-yourself

167. Suyunu Sev
http://www.masaru-emoto.net/english/water-crystal.html

168. Hayaller Gerçek Olsun
https://www.thesimplyluxuriouslife.com/power-of-our-imagination

169. Ayaklar Yukarı, Stres Aşağı
http://www.dailymail.co.uk/health/article-109067/Ten-steps-healthy-legs.html

170. Hafızanı Güçlendir
http://food.ndtv.com/health/7-brain-exercises-to-improve-your-memory-attention-and-performance-1421925

171. Ya "Hayır" Derse?
http://www.theredheadriter.com/2013/05/26-ways-to-effectively-communicate-open-up-emotionally

172. Isıyı Kaybetme
http://www.epa.ohio.gov/pic/facts/30years/tips.aspx

173. Teknolojinin Mimikleri Yok
http://launchworkplaces.com/why-is-face-to-face-communication-in-the-workplace-important

174 . Semavi Duruş
https://sufism.org

175. Organ Bağışı Yap
https://www.organnaklibilinclendirme.org/iyilik-bebekleri-sosyal-sorumluluk-projesi.html

176. Kendi Manavını Kendin Yap
https://www.mnn.com/your-home/organic-farming-gardening/stories/secret-container-vegetable-gardening

177. Kendini Ödüllendir
https://psychcentral.com/blog/archives/2014/12/13/psychology-rewarding-yourself-with-treats

178. Komiklikler, Şakalar
http://uk.businessinsider.com/jokes-laughter-important-in-relationships-2017-2

179. Ekolojik Paylaşımlar
https://www.huffingtonpost.com/shannon-dosemagen-/social-media-and-saving-t_b_9100362.html

180. Verimsiz Saatlerini Dönüştür
https://www.huffingtonpost.com/dr-travis-bradberry/why-the-8-hour-workday-do_b_11243100.html

181. Mandala Desenlerindeki İlham
https://www.ancient.eu/mandala

182. İsraf Etme Yardım Et
Gıda İsrafı, Açlık Sorunları ve Sürdürülebilir Gıda Projeksiyonları
Prof Dr. Nevzat Artık, Prof Dr. U. Tansel Şireli, Doç. Dr. Meltem Türkyılmaz
http://www.gazetevatan.com/her-gun-4-5-tabak-yemegi-cope-atiyoruz-1089017-pazar vatan

183. Uyku Boş Mide Sever
http://www.eatlivelife.com/2014/04/03/5-reasons

184. Profesyonel Destek
http://www.apa.org/helpcenter/understanding-psychotherapy.aspx

185. Sınırlar
http://www.huffingtonpost.com/jennifer-twardowski/6-steps-to-setting-boundaries-in-relationships_b_6142248.html

186. Biri "Çöp" mü Dedi?
http://www.epa.ohio.gov/pic/facts/30years/tips.aspx
Godo Stoyke, The Carbon Buster's Home Energy Handbook, 2007, pp 22-23
(b) The Carbon Buster's Home Energy Handbook, 2007, pp 22-36

187. Yemek Saati Ofiste İşin Ne?
http://www.huffingtonpost.com/entry/eating-lunch-at-your-desk_us_56d0847fe4b0bf0dab31debd

188. Vipassana
http://www.vridhamma.org/VRI-Introduction

189. Benimle Dans Eder misin?
https://sagligabiradim.com/dans-etmenin-sagliginiza-faydalari

190. Her Zaman, Her Şeyde Denge!
https://www.gaiam.com/blogs/discover/what-good-balance-does-for-your-body-and-how-to-get-it

191. Haritalama Zamanı!
https://intranet.birmingham.ac.uk/as/studentservices/disability/learning-support/effective-learning/skills/mind-mapping.aspx#advantages

192. Can Dostum
http://www.pursuit-of-happiness.org/science-of-happiness/communicating

193. Yaşasın İleri Dönüşüm
https://hipcycle.com/what-is-upcycling

194. Günde Dört Doz Mail
https://www.nytimes.com/2015/01/11/opinion/sunday/stop-checking-email-so-often.html

195. İçindeki Sanatçıyı Özgür Bırakma Sanatı
http://greekerthanthegreeks.blogspot.com.tr/2015/03/lost-in-translation-word-of-day-meraki.html

196. Birine Mola Şansı Ver
https://www.helpscout.net/blog/disrupt-daily-routine
https://www.sharecare.com/health/mental-fitness-nervous-system/varying-routine-benefits-brain

197. Sen Zaten Çok Şekersin
http://www.health.com/nutrition/health-benefits-quitting-sugar

198. Memnun Değilsen Değiştir!
https://www.huffingtonpost.com/kali-hawlk/3-ideas-to-accept-change-in-life-and-in-yourself_b_7936000.html

199. Beyaz Yalan Yoktur
https://search.proquest.com/openview/02449dd74acfab5c6af6041396ad1938/1?pq-origsite=gscholar&cbl=1816607

201. İki Saat Boyunca Ulaşılmaz
http://blog.idonethis.com/distractions-at-work
www.monster.com/career-advice/article/whats-eating-you

202. Bir Gönül Değişirse Dünya Değişir
https://spiritualityhealth.com/articles/2012/01/28/physics-our-entanglements

203. Gıdıkla
http://www.bilgiustam.com/gulmenin-faydalari-nelerdir
http://www.acibadem.com.tr/hayat/bilgi/gulmenin-sagliga-faydalari
İyiliğin Bilim Hali Referans Çalışma: Neşeli kahkahaların kalp damar sağlığına etkisi

204. Ellerini Yıkadın mı?
https://www.cdc.gov/handwashing/index.html.

205. Tutkunu Yaşa
https://www.psychologytoday.com/blog/the-good-life/201102/bucket-lists-and-positive-psychology

206. Gel Beraber Gezelim
https://www.bustle.com/articles/115247-spending-time-with-loved-ones-can-help-keep-depression-away-so-start-spending-more-irl-time

207. Doğal Sabun
https://www.globalhealingcenter.com/natural-health/benefits-of-organic-soap
http://www.zehirsizev.com/ev/zehirsiz-ev-dr-yavuz-dizdar-ve-erkan-samci

208. Pomodoro Ejderi
https://www.meslekhocam.com/pomodoro-nedir-pomodoro-teknigi-ile-verimli-ders-calis

209. İç Gülümseme
https://www.universal-tao.com/article/smile.html

210. Gönlünden Ne Koparsa
https://greatergood.berkeley.edu/article/item/spending_money_on_others_can_lower_your_blood_pressure